Gabriel Eckert

Gabriel Eckert der kuhrfürstliche Herrn Edelknaben in Mannheim

beim Professor an das gelehrte Publikum wegen der Mannheimer Herausgabe der

Werke Shakespeares

Gabriel Eckert

Gabriel Eckert der kuhrfürstliche Herrn Edelknaben in Mannheim
beim Professor an das gelehrte Publikum wegen der Mannheimer Herausgabe der Werke
Shakespeares

ISBN/EAN: 9783743440982

Hergestellt in Europa, USA, Kanada, Australien, Japan

Cover: Foto ©ninafisch / pixelio.de

Weitere Bücher finden Sie auf **www.hansebooks.com**

Kritischer Anhang

zum

zwanzigsten Bande

des

Deutschen Shakespear.

Ueber

Leben und Tod

Richards des Dritten. *)

Wenig Tage nach der entscheidenden Schlacht
bey Tewksbury, welche den 4. May
1471. vorfiel, und der Parthey des Hauses Lankaster so nachtheilig war, starb Heinrich der
Sechste im Tower eines plötzlichen, und, nach
vieler Vermuthen, eines gewaltsamen Todes. **)
Edward der Vierte sah sich nun, durch die er-
haltne Ruhe des Reichs, mehr im Stande seinen Hang zu wollüstigen Ergötzungen zu befrie-
digen. Diese Ruhe wurde zwar bald hernach
1475, durch den Einfall in Frankreich unterbro-
chen, aber noch in eben dem Jahre durch den
Frieden zu Pequigny wieder hergestellt.

---

*) Acta Regia, Vol. III. p. 1. Hist. d'Angleterre
par *Rapin Thoyras* T. IV. p. 341. *Hume's* History
of England, Vol. III. p. 296.

**) Shakespeare, Akt I. Sc. 2.

Um seine Einkünfte zu vermehren, erlaubte
sich Edward manche Auflagen und Bedrückun-
gen, zum Mißvergnügen seiner Unterthanen.
Am wenigsten aber war man mit seinem Betra-
gen gegen den Herzog von Clarence zufrieden, den
er, wegen verschiedner erdichteter Anklagen, und
vornehmlich auf Anstiften des Herzogs von Gloucester, gefangen setzen ließ. *) Shakespeare
machte sich bey diesem Umstande ein altes Gerücht
zu Nutz, nach welchem eine Prophezeyung, daß
die Söhne des Königs von einem würden ermordet werden, dessen Name mit dem Buchsta-
ben G anfienge; die Hauptursache dieses Ver-
fahrens war, weil des Herzogs Taufname George
hieß. *) Der König ließ ihm die Wahl seiner
Todesart, und er wurde in einem Fasse Malva-
sier ertränkt, eine seltsame Wahl, sagt Hume,
die seine Liebe zu diesem Getränke beweißt.
Unser Dichter hat die vorgängigen Umstände
seines Todes etwas verändert, und die Veran-

---

*) Akt I. Sc. I.

**) S. *Hall*, p. 239. *Holingshed*, p. 703. *Graf-
ton*, p. 741. *Polydor. Virgil.* p. 537. u. a. m.

laffung deffelben mehr durch den Herzog von Gloucefter bewirken laffen. *)

Diefer letzte richtete fchon längft fein Augen. merk auf den Befitz des Englifchen Throns, und wendete alle Mittel an, diefe Abficht zu errei. chen. Der Hof war damals in zwey Partheyen getheilt; die eine beftand aus der Königinn und ihren Verwandten, vornehmlich dem Grafen Rivers, ihrem Bruder, und dem Marquis von Dorfet, ihrem Sohn; die andre Parthey aus den Vornehmften des alten Adels, befonders dem Herzoge von Buckingham. Lord Haftings, Howard, und Stanley. König Edward be. mühte fich in feiner letzten Krankheit, diefe bey. den Partheyen mit einander zu vereinigen; diefe Ausföhnung gefchah auch, dem Scheine nach; **) fie dauerte aber nicht länger, als das Leben des Königs, welcher bald darauf ftarb, nachdem er feinen Bruder, den Herzog von Gloucefter, zum Protektor des Reichs ernannt hatte.

Der junge König, Edward der Fünfte, hielt fich, wie fein Vater ftarb, zu Ludlow, an den

*) Akt I. Sc. 4. Akt II. Sc. 1. 2.
**) Akt II. Sc. 1.

Gränzen von Wallis, auf, und stand unter der
Aufsicht seines Oheims, des Grafen Rivers.
Die Königinn hatte veranstaltet, daß der junge
Prinz unter einer sichern Bedeckung nach London gebracht werden sollte; die Gegenparthey
war dawider; und Gloucester beredete die Königinn, ihn ohne grosses Gefolge kommen zu lassen *). Bald hernach wurden, auf dieses Herzogs Veranstaltung, Lord Rivers, Sir Richard
Gray, einer von den Söhnen der Königinn,
und Sir Thomas Vaughan, gefänglich einge-
zogen, und nach Pomfret gebracht **). Der
junge Prinz wurde indeß von seinem Oheim
mit dem Schein der größten Ehrerbietung em-
pfangen, ob er gleich seine Unzufriedenheit mit
der Begegnung seiner Verwandten nicht bergen
konnte ***).

Sobald die Königinn die Gefangennehmung
ihres Bruders erfuhr, flüchtete sie, zu ihrer
Sicherheit, mit dem Marquis von Dorset, ihren
fünf Prinzeßinnen, und dem jungen Herzoge
von York, in die Abtey Westmünster. Allein

---

*) Akt II. Sc. 2.   **) Akt II. Sc. 4.
***) Akt III. Sc. 1.

Gloucester wußte es bald dahin zu bringen, daß
sie ihren Sohn durch den Erzbischof ihm aus-
liefern mußte, weil er auf deſſen Gegenwart
bey der Krönung ſeines Bruders drang *). Er
verfolgte noch immer ſeinen Zweck, die Krone
zu erhalten, und fuhr daher fort, alle Hinder-
niſſe wegzuräumen, die ihn noch von der Erreichung dieſes Zwecks zurückhielten. In dieſer
Abſicht brachte er es dahin, daß die Verwandte
der Königinn, die zu Pomfret gefangen waren,
ohne Verhör hingerichtet wurden **), welches
Sir Richard Ratcliffe bewerkſtelligte. Die Ge-
ſinnungen des Lord Haſtings ließ er durch Catesby ausforſchen; und da er ſah, daß er ihn
nicht auf ſeine Seite bringen konnte, ließ er
ihn zu einer Rathsverſammlung im Tower mit
berufen; machte ihm daſelbſt einen Vorwurf
über den andern, und ließ ihn ſogleich ent-
haupten 1). Dem Volke wurde, zur Beſchöni-
gung dieſer Grauſamkeit, eine förmliche Klage
wider den Lord vorgeleſen 2).

Gloucester fieng nun an, ſein Vorhaben nicht

---

*) Akt III. Sc. 1.   **) Akt III. Sc. 3.
1) Akt III. Sc. 4.   2) Akt III. Sc. 6.

mehr geheim zu halten. Des letztern Königs wollüstige Lebensart war ihm ein Vorwand, die Geburt der Prinzen verdächtig zu machen; er gieng noch weiter; selbst die ächte Geburt Edwards des Vierten und des Herzogs Clarence wurde zweifelhaft gemacht. Der Herzog von Buckingham ließ durch den Lord Mayor die Bürgerschaft zusammenrufen, und that ihr diese Vorstellungen. Er ließ sie befragen, ob sie den Herzog von Gloucester zum Könige haben wollten; und der bejahende Zuruf einiger wenigen war ihm genug. Er gieng mit dem Mayor und einem Haufen Volks nach Baynard-Castle, wo Gloucester war, um ihm die Krone anzutragen. Erst nach vielen Weigerungen ließ er sich dazu überreden 1).

Itzt mußten die beyden Prinzen aus dem Wege geschafft werden. Dieß geschah durch einen gewissen Tyrrel, dem der Aufseher des Tower, Brakenbury, die Schlüssel auf eine Nacht überliefern mußte 2).

Der Herzog von Buckingham, der dem neuen Könige, Richard dem Dritten, zu seiner Gelan-

---

1) Akt III. Sc. 5–7.   2) Akt IV. Sc. 2.3.

gung zum Throne am meisten beförderlich gewesen war, erwartete und foderte nunmehr die Belohnung seiner Dienste, und die Erfüllung der
ihm geschehenen Versprechungen. Allein Richard
schlug ihm diese Foderung ab, und begegnete ihm
äusserst kaltsinnig 1). Der Verdruß darüber be-
wog Buckingham, Richards Parthey zu verlassen, und mit dem Bischof von Ely zu verabre-
den, daß der junge Heinrich Graf von Richmond
Anspruch auf den Thron machen sollte, der sich
bey dem Herzoge von Bretagne aufhielt. Man
verband diesen Anschlag mit dem Entwurf einer
Heyrath zwischen Richmond und der Prinzeßinn
Elisabeth, um darnach die getrennten Häuser
York und Lankaster mit einander zu vereinigen.
Richard erfuhr indeß diese Verschwörung wider
ihn sehr bald; Buckingham fand mancherley
Hindernisse, wurde von seinen Anhängern verlassen, und nahm endlich seine Zuflucht zu einem
seiner ehemaligen Bedienten, Banister. Er wurde daselbst entdeckt, nach Salisbury gebracht,
und hingerichtet 2).

_____

1) Act. IV, Sc. 2.
2) Act. IV, Sc. 4. Act. V, Sc. 1. — Rymer

Richmond wurde mit seiner Flotte durch einen Sturm zurückgehalten, und da er bey seiner Ankunft seine Freunde zerstreut fand, deren hülfreichen Empfang er erwartete, so kehrte er fruchtlos nach Bretagne zurück. K. Richard wurde durch diese für ihn glückliche Vorfälle immer sicherer, und fuhr fort, Gewaltthätigkeiten zu verüben. Seiner bisherigen Gemahlinn, Anna, war er überdrüßig, weil er nur Einen Sohn mit ihr hatte, der um diese Zeit starb; der allgemeinen Sage nach schafte er sie durch Gift aus der Welt, und bewarb sich, um dem Grafen Richmond zuvorzukommen, um die Prinzeßinn Elisabeth. Die Königinn war schwach und eigennützig genug, in diese Heyrath zu williigen 1), die nur dadurch aufgehalten wurde, daß man erst von Rom aus Dispensation erwartete.

Unter

___

nennt Shrewsbury als den Ort der Hinrichtung Buckingham's, und bemerkt es als einen Irthum der alten Chronikschreiber, denen auch Shakespeare gefolgt ist, daß sie Salisbury dafür angeben. Dieß letztere thut auch Hume; Rapin Thoyras hingegen nennt gleichfalls Shrewsbury.

1) Akt. IV, Sc. 4.

Unterdeß hatte sich Richmond verstärkt, und von Frankreich Unterstützung erhalten. Er landete aufs neue in Wallis, und seine Parthey wurde täglich mächtiger. Richard hingegen hatte fast keinen mehr, der ihm mit wahrer Ergebenheit anhieng. Er selbst traute seinen Freunden wenig; daher machte er dem Lord Stanley, der Völker werben sollte, die Bedingung, daß er seinen Sohn zum Unterpfand seiner Treue zurücklassen mußte 1). Endlich geriethen die beyden Nebenbuhler der Krone bey Bosworth an einander; Richmond mit einem Heer von sechs tausend Mann, Richard mit einer noch einmal so starken Mannschaft. Es kam zur Schlacht; die Erscheinung des Lords Stanley, der sich für Richmond erklärte, war dem Heere dieses Letztern eben so aufmunternd, als für Richards Anhänger niederschlagend. Richard selbst focht mit verzweifelnder Herzhaftigkeit, bis ihn Sir William Stanley mit seiner Mannschaft umgab, und ihm das Leben nahm 2).

Holingshed macht von Richard dem Dritten

---

1) Akt. IV, Sc. 5.   2) Akt. V, Sc. 3.

folgenden Charakter, der die Grundlage des Shakespearischen gewesen zu seyn scheint:

„Er war klein von Statur; sein Körper war
sehr häßlich, die eine Schulter höher, als die
andre; sein Gesicht war klein, aber seine Miene
grausam, und so, daß man gleich beym ersten
Anblick Züge der Bosheit, Betriegerey und Ver-
stellung darin wahrnahm. Wenn er in Gedanken stand, pflegte er an seiner Unterlippe zu beissen und zu nagen, woraus man sah, daß seine
wilde Gemüthsart beständig erhitzt, unstät und
unruhig war. Auch pflegte er den Dolch, den
er trug, wenn er worüber nachdachte, mit der
Hand bis auf die Mitte auf und nieder in die
Scheide zu rücken, ohne ihn völlig heraus zu
ziehen. Er hatte einen fertigen, vielbefassenden
und behenden Verstand, voller Verschlagenheit
und Verstellungskunst. Er war übermüthig und
stolz, selbst noch bey seinem Tode, indem er lieber durchs Schwert umkommen, als, in dem
hülflosen Zustande, worein ihn der Abfall seiner
Anhänger versetzte, durch feige Furcht ein so
schwaches und unsicheres Leben erhalten, welches
nach aller Wahrscheinlichkeit in kurzem durch

Nachstellung, Krankheit, oder verdiente Strafe, gar bald würde geendigt seyn. „

Eben die Mischung, welche sich in Richards Charakter von Scharfsinn, Verschlagenheit, Ehrsucht, Herzhaftigkeit und unmenschlicher Denkungsart, nach dem Zeugnisse seiner Geschichtschreiber und seiner Handlungen, wirklich fand, eben diese Mischung ist auch in dem Shakespearischen Schauspiele an ihm durchgehends sichtbar. Er begieng sehr viel Grausamkeiten; aber wahrscheinlich gab man ihm noch mehrere Schuld; und allemal war es die Ehrsucht, die ihn dazu verleitete.

Shakespeare hat freylich den abscheulichen Charakter Richards im geringsten nicht zu mildern, die Schwärze desselben im geringsten nicht aufzuhellen gesucht; denn der gleißnerische Anstrich von Menschenliebe, den Richard sich selbst so gerne geben möchte, macht ihn nur noch abscheulicher; und der Dichter läßt ihn alle die erwiesenen und unerwiesenen Unmenschlichkeiten begehen und veranstalten, die ihm die Chronik, oder vielleicht noch die Sage seiner Zeiten Schuld gab. Aber Ein Zug ist mir bey diesem Cha-

rakter allemal besonders meisterhaft vorgekom-
men, und es wundert mich, daß ihn die Kunst-
richter so ganz unbemerkt laſſen. Richard hat
durchgehends in ſeiner Sprache einen gewiſſen
ſpöttiſchen, höhniſchen Ton, mit dem er ſich
gleichſam über alle ſeine Mitgeſchöpfe hinaus-
ſetzt, und der zu dem vortrefflichen: „ Ich bin
ganz allein ich ſelbſt! „ *) das er im Dritten
Theil Heinrichs VI. von ſich ſagt, ſo ſehr über-
einſtimmt. Durchgehends verräth dieſer Ton
einen Menſchen, der ſich durch die Unförmlich-
keit ſeiner Bildung, durch die ganz eigne Stim-
mung ſeiner Seele, berechtigt glaubt, die ganze
übrige Welt, die ihm mit keiner Zuneigung ent-
gegen kömmt, auſſer aller Verbindung mit ſich
anzuſehen, und der, ſobald er es in der Gewalt
hat, ſich Vortheile zu ſchaffen, den Schaden,
den andre dabey leiden, ſehr kaltblütig für nichts
ſchätzt. Dieſe unmenſchliche Kaltblütigkeit ſon-
dert ihn auch für den Zuſchauer gleichſam vom
übrigen Menſchengeſchlechte ab; macht ihn auf
der Einen Seite freylich ungeheurer und ver-

---

*) J am myſelf alone.

hafter; mindert aber auch auf der andern Seite
die äusserst widrige, fast unleidliche Empfindung,
die uns der Gedanke machen müßte: So kann
ein Mensch menschliches Gefühl verwahrlosen!
Dieses Ungeheuer ist einer aus unserm Ge-
schlecht! — Nein; er ist „er selbst allein!„ —
Ich glaube gern, daß der Dichter bey der Anle-
gung dieses Charakters sich diese Absicht nicht gerade vorgesetzt habe; nur glaube ich, daß zur
Erreichung derselben nichts vortheilhafter und
wirksamer seyn konnte, als jene fühllose, kalt-
blütige, der Menschheit hohnsprechende Art, mit
welcher Richard handelt und redet.

Das Original dieses Schauspiels wurde schon
im Jahr 1597 einzeln gedruckt. Es giebt ein
ältres Stück dieses Namens, dessen Harring-
ton in seiner *Apologie for poetrie*, 1591, schon
erwähnt, und welches einige für das Shakespearische gehalten haben. Farmer hingegen
zeigt, daß es ein Lateinisches Trauerspiel, von
Dr. Legge verfertigt, und schon einige Jahre
vor 1588 im St. Johanns-Collegium zu Cam-
bridge aufgeführt sey.

Colley Cibber hat mit dem Shakespearischen

Stücke beträchtliche Aenderungen vorgenommen, manche Scenen weggelassen, andre verkürzt, Stellen aus andern Stücken des Dichters einge= schaltet, und dem Ganzen diejenige Form ge je= ben, in welcher es gegenwärtig auf dem Engli= schen Theater gespielt wird, worauf sich Gar= rick auch durch die Rolle Richards einen so grossen Ruhm erworben hat. Der dramati= sche Censor, der seine periodische Schrift mit der Beurtheilung Richards III. eröffnet, giebt von jenen Veränderungen sowohl, als von den Verdiensten des gedachten Schauspielers um diese Rolle, umständlichere Nachricht.

Ein andres Schauspiel dieses Inhalts hat die Aufschrift: The Englisch princes, or the Death of Richard the Third. Es wurde im J. 1665 gedruckt, und John Carel wird für den Ver= fasser gehalten.

Gabriel Eckert

der kuhrfürstlichen Herrn Edelknaben in Mannheim Professor

an

das gelehrte

Publikum

wegen der

Mannheimer Herausgabe

der

Werke Shakespears.

Mannheim, 1780.

Vorbericht.

Ich bin es der Ehre des Instituts, der Herausgabe der ausländischen schönen Geister, der Ehre Deutschlands, der Pfalz und meiner eigenen schuldig, von meiner Arbeit Rechenschaft zu geben, und sie gegen die Beschuldigungen der Feinde dieser gegenwärtigen Ausgabe Shakespears zu vertheidigen.

Die Herrn Orell, Geßner und Füßlin, behaupteten öffentlich, daß unsere Ausgabe der ihrigen von Wort zu Wort nachgedruckt wäre, daß jeder Kenner einsehen könne, daß ihre letzte Ausgabe dieser Werke keiner Verbesserungen bedörfe. Herr Wieland und Eschenburg, sagten sie, haben dabey

gethan, was in ihren Kräften stund. Sie
könnten sich dem ganzen Rheine nach die
Köpfe nicht denken, die es besser machen
würden.

Das erste heißt doch wohl dem ganzen
deutschen Publikum die offenbarste Unwahr=
heit unter das Angesicht sagen.

Ein einziger Blick auf die wichtigen
Verbesserungen, die schon dem ersten und
zweyten Band unserer Ausgabe sind beige=
druckt worden, kann diese Herrn von der
Ungereimtheit ihres Vorgebens überführen,
und hätte sie gleich Anfangs überzeugen kön=
nen, wie groß der Unterschied zwischen bei=
den Ausgaben am Ende seyn werde.

Daß die Herrn Wieland und Eschen=
burg bey Uebersetzung der Werke Shakes=
pears alles gethan haben, was in ihren
Kräften war, glaube ich gerne; daß aber
diese Uebersetzung keiner Verbesserung be=
dörfen soll, zeugt von einer Unwissenheit,

die um deſto auffallender iſt, da ſie von ei=
nem Ausdrucke begleitet wird, der für Völ=
ker, bey denen Künſte und Wiſſenſchaften
blühen, beleidigend iſt.

Wer berechtigt dieſe Männer, einer
edeln Nation den Vorwurf zu machen, daß
ſie ſich die Köpfe nicht denken könnten, die
fähig wären eine Ueberſetzung des Herrn
Wieland und Eſchenburg zu verbeſſern?
Dies iſt etwas mehr, als ein Stückchen von
der heut zu Tage im Gebiete der Wiſſen=
ſchaften und Litteratur, Leider! ſo gewöhnli=
chen Marktſchreyerey. Es iſt Schimpf und
zeugt von einer Denkungsart, die nicht die
edelſte iſt. Doch dieſes ſey alles auf Sei=
te geſetzt. Die Sache muß für ſich ſelbſt
ſprechen.

Die Zahl der Stellen, die in der Mann=
heimer Herausgabe der Werke Shakeſpears
ſind verbeſſert worden, belaufen ſich über
tauſend, worunter zum wenigſten 800 von

Wichtigkeit sind. Ich lege hier einen Theil
derselben vor. Ich rufe alle Kenner der
englischen Sprache zu Schiedsrichtern auf.

Man prüfe jede Stelle, man nehme die
besten englischen Originalausgaben, man
halte die Zürcher und die Unsrige gegen einander, man untersuche alles aufs strengste.
Ich hoffe das Zeugniß zu erhalten, daß es
am Rheinstrome Köpfe gebe, die auf eine
bessere Art, als mit dem Wörterbuche in
der Hand, mit Shakespear sind bekannt
worden.

Wir haben schon in der Vorrede zu
unsrer Herausgabe den Herrn Wieland und
Eschenburg Gerechtigkeit wiederfahren lassen. Wir bezeugen auch hier öffentlich,
daß wir nicht glauben, daß alle Fehler in
der letzten Zürcher Ausgabe platterdings den
Herrn Ueberscrtzern beyzumessen sind. Sie
hatten vermuthlich nicht alle bessere englische
Ausgaben vom Shakespear bey der Hand;

es war ihnen also öfters nicht möglich die beste Leseart herauszubringen; auch glaube ich schwerlich, daß einer von ihnen jemals diese Stücke selbst in England von den besten Schauspielern habe aufführen sehen, um durch die theatralische Handlung und den Ausdruck des Schauspielers sich in den wahren Sinn und Geist des Dichters zu versetzen, und so seine Gedanken in eine andere Sprache zu übertragen. Allein aus Mangel dieser beyden Stücke geschah es, daß oft das, was sie sagten, entweder gradezu Unsinn war, oder doch wenigstens für einen deutschen Leser ewig unverständlich blieb.

Die hier folgenden Verbesserungen werden auf manche dergleichen Stellen hinweisen. Aber ich bitte nicht immer nach dem ersten Anblicke zu urtheilen, sondern die Stellen in den Schauspielen selbst nachzuschlagen, um sich von der Wichtigkeit meiner gemachten Verbesserungen zu überzeugen.

Einige der weniger merkwürdigen habe ich mit Fleiße hier eingerückt, um einen Beweis zu geben, mit welcher Genauigkeit ich alles erforscht, und mit welchem Fleiße ich gearbeitet habe.

Besitzen die Herrn Zürcher Herausgeber Sprachkenntniß und kritische Einsicht genug, um ihr Unrecht einzusehn: so höffen wir, daß sie mit Bescheidenheit widerrufen.

Thun sie dieses nicht, so mögen sie sich gefaßt machen, zu sehn, daß alle Schriften ausländischer schönen Geister, die sie aufgelegt haben, und die sie künftig drucken werden, die ersten seyn sollen, die vor allen andern Werken zur Verbesserung vorgenommen, und zu neuen verbesserten Auflagen sollen befördert werden.

Nota: Siehe die Verbesserungen zu den vier ersten Stücken im ersten und zweyten Band, schon besonders abgedruckt.

Der Kaufmann von Venedig.

Dritter Band.

10 S. 9 Z. Mein ganzes Vermögen hängt nicht von dem Glücke dieses gegenwärtigen Jahres ab;

-- nor is my whole estate,

Upon the fortune of this present year.

Z. A. Mein ganzes Vermögen hängt nicht einmal von dem Glücke eines einzigen Jahres ab.

14 S. 7 Z. Fische nicht mit dieser melancholischen Lockspeise.

With this melancholy bait.

Z. A. Mit diesem melancholischen Angel ꝛc.

21 S. 18 Z. O! der ist ein Erzdummkopf;

Ay, that's a Dolt indeed, &c. Ist die beste Leseart; Herr Prof. Eschenburg las Ay, that's a Colt indeed, und dem zu folge übersetzte er:

O! der ist nichts als ein wildes Füllen; ꝛc.

21 S. verletzte Z. Ich fürchte fast, seine Frau Mama hatte sich in einen Hufschmied verliebt.

I am much afraid, my lady, his mother, play'd false with a Smith.

Z. A. Ich fürchte fast, seine gnädige Frau Mama hat sich an einem Hufschmiede versehen.

33 S. 16 Z. Du weißt, zu dem sage ich nichts, denn er versteht mich nicht, und ich ihn nicht = =

Yon know, J say nothing to him, for he understands not me, nor J him;

Z. A. Du weißt, zu dem kann ich nichts sagen, denn er versteht mich nicht = =

34 S. 22 Z. Mit flispernder Demuth = = whisp'ring humbleness.

Z. A. Mit murmelnder Demuth = =

35 S. 3 Z. So viel Geld leihen = = thus much moneis.

Z. A. Desto mehr Geld leihen, ꝛc.

35. S. 14 Z. Wie sie stürmen! = = = how you storm!

Z. A. Wie? sind Sie böse? = =

38 S. 15 Z. Die eben so gekleidet sind; ist in der Z. A. ausgelassen.

38 S. vorletzte Z. Der brennenden Sonne, von der ich ein Nachbar, und an der ich ganz nahe aufgewachsen bin.

Of the burning sun,
To whom Jam a neighbour, and near bred.

Z. A. Unter deren Augen ich aufgewachsen bin.
Das ist jeder Erdensohn.

53. S. 13 Z. Wenn ich nicht ein sittsames Ansehen annehme, = =

If J do not put on a sober habit - -

Z. A. Wenn ich nicht in einer ehrbaren Kleidung
erscheine = =

64 S. 7 Z. Hier, fange dieses Kästchen: here
catch this Casket - -

Z. A. Hier, nimm dieses Kästchen.

Nehmen konnte er es nicht, denn es wurde
ihm aus einem Fenster zu geworfen, und darum
sagt der Autor catch, fange = =

79 S. 20 Z. Die Nachricht erhält sich noch immer, daß 2c.

Why, yet it lives there uncheckt, that &c.

Z. A. Man erzählt sich einander, daß 2c.

Wie es euch gefällt.

Dritter Band.

195 S.   2 Z. Ich bin noch nicht recht im Athem.

Jam not yet well breathed.

Z. U. Ich bin dieſes Spiels noch nicht gewöhnt.

211 S. 14 Z. So treibt das Unglück die Fluth der Geſellſchaft auseinander.

Thus miſery doés part the flux of company.

Z. U. So treibt das Unglück die Fluth der Geſellſchaft zurück.

235 S. 28 Z. Es iſt ein armer alter Mann bey mir, der manchen ſauren Tritt aus bloſſer Liebe hinter mir her gehinkt hat.

Who after me has many a weary Step, limp'd in pure love.

S. U. Der manchen ſauren Tritt aus bloſſer Liebe mit mir gehinkt hat.

Auf dieſe Art hatten ſie alle beyde gehinkt.

271 S.   4 Z. Iſt alſo der ledige Mann allein beglückt? ſtatt: iſt alſo der Mann allein beglückt?

Sonſt iſt in dem was folgt kein Sinn.

276 S.   8 Z. Er iſt hier im Walde in dem Gefolge des Herzogs deines Vaters.

He attends here in the foreſt on the Duke your father.

3. U. Er wartet hier im Walde dem Herzog, deinem Vater, auf.

282 S. vorletzte Z. (Zu Phöbe,) Er hat sich in deine Häßlichkeit verliebt; (zu Silvius) und sie wird sich in meinen Zorn verlieben. Wenn dem so ist, so will ich jedem ihrer finstern Blicke auf dich mit bittern Worten bezahlen.

He's fallen in Love with your foulness, and she'll fall in Love with my anger. If it be so, as fast as she answers thee with frowning looks, I'll sauce her with bitter words.

Alles dieses hat die 3. U. in folgenden unverständlichen und gar nicht zu den übrigen passenden Worten. (leise zu Cilia) Er ist in ihre Häßlichkeit, und sie in meinen Zorn verliebt geworden. Ich will ihr für ihre Sprödigkeit eben so unfreundlich begegnen, als sie ihrem Liebhaber ﹕ ﹕ ﹑

285 S. 20 Z. Er ist nicht gar groß, und doch ist er für sein Alter groß genug; statt: Er ist nicht gar lang, und doch ist er für sein Alter lang genug. *Tall* heißt groß, und für sein Alter lang genug seyn, ist nicht deutsch.

291 S. 13 Z. Was anders, als Hörner, die ihr und eures gleichen euren Weibern verdanken müsset? er aber kömmt mit seinem Schicksale bewaffnet, und ersparet seiner Frau die böse Nachrede.

Why, horns; which such as you are fain to
be beholden to your wives for: but he comes ar-
med in his fortune, and prevents the *Slender* of
his wife.

Man beliebe sich zu erinnern, daß die Rede
von einer Schnecke ist.

Z. A. Was anders, als Hörner? das, wofür ihr
so oft euren Weibern verbunden seyd. Er hingegen
kömmt schon in seiner gehörigen Rüstung, und er-
spart seinem Weibe die Mühe.

Ende des dritten Bandes.

Der Liebe Mühe ist umsonst.

Vierter Band.

19 S. 11 Z. Friede! ⹀ ⹀ Koſtard. Sey mit mir, und mit jedem, der nicht Herz hat ſich zu ſchla-gen; ſtatt: der nicht Herz hat zu fechten.

34 S. 12 Z. Ich liebe ſo gar den Fußboden, ꝛc.
I affect the very ground &c.

Z. A. Ich berühre eben den Fußboden ꝛc.

Das heißt den Sinn rathen wollen, aber nicht richtig verſtehen.

40 S. 15 Z. Nun, der Himmel ſey mit meinen Hofdamen ⹀ ⹀
God bleſs my Ladies ⹀ ⹀

Z. A. Nun, der Himmel ſegne meine Hofdamen.

Der Wunſch führt einen Nebenbegriff mit ſich, der nicht im Original iſt; denn to *bleſs* heißt nicht bey allen Gelegenheiten ſegnen.

47 S. 15 Z. Wollen Sie's mit Ihren Augen ſte-chen? ſtatt: Wenn Sie's mit Ihren Augen ſtechen.

Ohne dieſe Aenderung hängen Frage und Ant-wort nicht zuſammen.

50 S. 3 Z. Ja, wenn Sie mir die Weide bey Ihnen erlauben.
So you grant paſture to me.

Z. A. Sie erlauben mir alſo Weide bey Ihnen.

50 S. 5 Z. Meine Lippen ſind keine allgemeine Weide, ob ſie gleich zertheilt ſind.

My lips are no common, though ſeveral they be.

Z. A. Meine Lippen ſind nicht allgemein, ſondern gehören nur einer Perſon.

Das Wort *Common* iſt hier ein ſelbſtändiges Wort, und heißt eine gemeine Weide.

65 S. 11 Z. Nein, ſchminkt mich jetzt nicht.
Never paint me now.

Z. A. Nein, nun ſollt ihr mich niemals mehr ſchminken.

Das iſt ungereimt, denn der Förſter hat die Prinzeſſinn nie geſchminkt: er will nur die Meinung ſeines Ausdrucks erklären, und ſagen, daß die Prinzeſſinn ſchön iſt, und hierauf fällt ihm die Prinzeſſinn in die Rede. Schminke mich jetzt nicht.

81 S. 3 Z. Den Unwiſſenden zu Gefallen, hab' ich das Wild, das die Prinzeſſinn erlegt hat, ein Rehkalb genannt.

To humour the ignorant &c.

Z. A. Mich über den Unwiſſenden luſtig zu machen, ꝛc.

To humour one, heißt nicht ſich über Jemanden luſtig machen, ſondern ihm zu Gefallen reden, thun, oder handeln.

105. S. 10 Z. Schwarz ist das Wahrzeichen der
Hölle, die Farbe des Kerkers ꝛc.

The hue of dungeons &c.

Z. A. Die Farbe des Unraths ₌ ₌
Was für ein Unterschied!

115. S. 19. Z. Diesen Nachmittag wollen wir
ihnen irgend einen ungewöhnlichen Zeitvertreib zu ver=
schaffen suchen, so wie es die Kürze der Zeit ge=
stattet.

Such as the shortness of the time can shape.

Z. A. Damit sie keine Langeweile haben.

113 S. 6 Z. Voran mit euren Fahnen, ꝛc.

Advance your Standarts, &c.

Z. A. Tragt eure Fahnen nur weiter vorwärts ꝛc.
Wie schleppend, zumal in dieser Situation!

115 S. 7 Z. Seine Zunge scharf, ₌ ₌

His tongue filed - -

Z. A. Seine Zunge ist befleckt. *Filed* heißt gefeilt,
defiled aber befleckt.

157 S. 13 Z. Sieh doch, es wird mich gleich
herausfodern.

Lo! he is tilting stralt.

Z. A. Sieh doch, er wird gleich hin wanken.

Man beliebe nur das vorhergehende zu lesen,
so wird einem jeden das Unrichtige deutlich ein=
leuchten.

171 S. 14 Z. Eine Floh, a Flea, ftatt: eine Fliege.

Diefen Fehler hat der Herr Ueberfeßer fehr oft begangen.

174 S. 11 Z. Ich, für mein Theil, fchöpfe freyen Athem.

For my own part, I breath free breath.

B. A. Ich, für mein Theil, fchöpfe frifche Luft.

Das Wintermärchen.

Vierter Band.

205 S. 15 Z. Wir wollen euch schon finden, wenn ihr anders unter dem Himmel seyd.

You'll be found, be you beneath the Sky.

Z. A. Wir wollen euch schon finden, wenn ich anders noch unter dem Himmel bleibe.

209 S. 15 Z. Ein bekehrtes Beichtkind.

A penitent reform'd.

Z. A. Ein begnadigtes Beichtkind.

212 S. 1 Z. Beym Himmel! Niemals sagten Sie etwas, das Ihnen weniger angestanden hätte als dieses.

Shrew my heart, you never spoke what did become you less than this.

Z. A. Beym Himmel! Sie sagten mir etwas, das Ihnen weniger angestanden hätte, als dieses.

Dieß mag ein Druckfehler seyn.

217 S. 10 Z. Heil dir, mein gnädigster König! statt: Willkommen, mein ꝛc.

234 S. 7 Z. Ich wünschte auch nur, mein geblendter Herr, daß Sie diese Sache allein bey sich untersucht hätten, ohne sie Jemanden zu eröffnen.

And I wiſh my Liege,

You had only in your ſilent judgment try'd it
without any mor ouverture.

Z. A. Ich wünſchte auch nur, mein gebietender
Herr, daß Sie dieſe Sache noch länger bey ſich behal=
ten, und ſie nicht gleich ſo öffentlich kund gemacht
hätten.

260 S. 21 Z. Was die Zuſammenverſchwörung
betrift, ſo weis ich nicht, wie ſie ſchmeckt, wenn ſie
mir ſchon zum Koſten vorgeſetzt wird;

Now, for Conſpiracy, I know not, how it
taſtes, tho' it be diſh'd for me to try how.

Z. A. Was Ihre Zuſammenverſchwörung betrift,
ſo geſteh ich frey, daß ich weiß, wie ſo etwas ſchmeckt,
wenn es mir vorgeſetzt würde, um es zu koſten.

Gerade das Wiederſpiel.

261 S. 9 Z. Ich verliere es willig, which I'll
lay down.

Z. A. Ich überlaß es Ihnen.

Der Schluß der folgenden Rede rechtfertiget
dieſe Aenderung.

265 S. 13 Z. Schauen Sie herunter, look down,
ſtatt: Sehen Sie hieher, denn der König ſitzt im
Gerichte auf einem erhabenen Thron.

283 S. vorletzte Z. Wenn du noch einige Liebe für
mich haſt, Kamillo, ſo zernichte nicht alle deine ver=
gangenen Dienſte dadurch, daß du mich jetzt verläſſeſt.

Wipe not out the reſt of thy ſervices by lea-
ving me now.

Z. A. Wenn du einige Liebe für mich haſt, Kamillo, ſo zernichte nicht alle deine künftigen Dienſte dadurch, daß ꝛc.

Künftige Dienſte kann man nicht auswiſchen,
oder zernichten, denn ſie exiſtiren noch nicht; Shakeſpear ſpricht von den ſchon geleiſteten.

335 S. 22 Z. Iſt gleich der Kauf auf ſeiner Seite
der ſchlimmſte, ſieh, da haſt du noch etwas in den Kauf.

Tho' the penny worth on his ſide be the worſt,
yet hold thee, there's ſome boot.

Z. A. Iſt gleich der Kauf auf ſeiner Seite der
ſchlimmſte, ſo will ich doch wetten, daß noch ein Vortheil dabey iſt.

336 S. 6 Z. In der That, ich habe ſchon Handgeld bekommen; aber ich kann es nicht mit gutem Gewiſſen nehmen.

Indeed, I have had earneſt, but I cannot with
conſcience take it.

Z. A. In der That, ich habe ſchon Lehrgeld gegeben — aber ich kann es nicht mit gutem Gewiſſen
nehmen.

Es wird noch eine Note vom Wortſpiel hinzu-
gefügt, die ich weggeſtrichen habe, weil kein Wortſpiel da iſt.

337 S. 13 Z. Daß er mit mir ihnen nachgehe; statt: daß er uns nachkomme: denn das letztere giebt keinen rechten Sinn.

338 S. 3 Z. Welch ein herrlicher Tausch wäre das gewesen, wenn ich auch kein Aufgeld erhalten hätte! und welch ein herrliches Aufgeld noch oben drein in den Tausch!

What an Exchange had this been, without boot! what a boot is here with this Exchange.

Die 3. A. sagt hier etwas ganz anders.

Das war doch ein hübscher Tausch, ohne Aufgeld zu geben! = = Wie viel Vortheil ich bey dem Tausche gehabt habe! = =

Ende des vierten Bandes.

Was ihr wollt, oder der heil. drey Königs-Abend.

Fünfter Band.

13 S. 19 Z. Ihre Nichte, mein gnädiges Fräulein, hat gegen Ihr spätes Ausbleiben viel zu erinnern, statt: daß gegen Ihre müßige Stunden viel zu erinnern. *Ill hours* heißt nicht müßige Stunden, sondern *to keep ill hours*, will so viel sagen, als nicht zur rechten Zeit nach Hause kommen.

14 S. vorletzte Z. Pfui! daß du so redest.

Fy, that you'll say so!

Z. A. Pfui! das sagst du nur so.

15 S. 1 Z. Und hat alle gute Gaben der Natur; statt: alle mögliche Gaben der Natur.

19 S. 15 Z. Wenn ich das wüßte, so wollt' ichs verschwören. -

An I thought that, J'd forswear it.

Z. A. Hätt' ich das gewußt, so hätt' ichs verschworen.

45 S. 2 Z. Nehmen Sie dieses zur Belohnung; statt: Nehmen Sie dieses zum Andenken.

45 S. 4 Z. Mein Herr, nicht ich, bedarf einer Belohnung.

My Master, not myself, lacks recompence.

Z. A. Mein Herr bedarf eurer Belohnung nicht.

Gerade das Gegentheil!

46 S. 5 Z. Nach den Worten, Er ließ diesen Ring zurück, ich möchte ihn nehmen wollen oder nicht. Ist in der 3. A. weggelassen, (sag ihm, ich mag ihn nicht.

65 S. 9 Z. Ich will hingehen, und ein Bischen Seft warm machen. I'll go burn some Sack;

Z. A. Ich will hingehen, und ein Fäßgen Sekt anstecken.

74 S. 6 Z. Wegen einer Bärenhetze, statt: bey einer Bärenhetze.

101 S. letzte Z. Ich kann mich kaum erwehren, ihm alles an den Kopf zu werfen.

I can hardly forbear throwing things at him.

Z. A. Ich kann mich kaum erwehren, ihn mit allerley Dingen zu werfen. Der Ausdruck ist drollig!

119 S. 3 Z. Dein Austaurer, statt: dein Dollmetscher; welches die ganze Rede verwirrt macht.

123 S. 10 Z. Ich will es ihm vorschlagen. I'll make the motion.

Z. A. Ich will einmal zu ihm gehen.

151 S. letzte Z. Warum sollt' ich nicht, wenn ich nur niederträchtig genug wäre, es zu thun, gleich dem Egyptischen Diebe, vor meinem Tode tödten, was ich liebe.

Z. A. Warum sollt' ich nicht, wenn ich nur niederträchtig genug wäre, es zu thun, gleich dem Egyptischen Diebe, beym Anbruch des Tages tödten, was ich liebe.

Ich kann nicht einsehen, wie der Herr Ueber-setzer *at the point of day,* statt: *at the point of death* lesen können. Die lange Note vom Theobald, die er zur Erläuterung dieser Stelle anführt, hätte ihm ja den natürlichen Sinn an die Hand geben müssen.

————————

Die

Die lustigen Weiber zu Windsor.

Fünfter Band.

184 S. vorletzte Z. Ich hoffe, wir werden alle Zwistigkeiten wegtrinken, statt: danieder trinken.

187 S. 21 Z. Slender. Ich will sie heyrathen,
Herr, weil Ihr es verlangt. Und wenn denn auch im
Anfange nicht viel Liebe dabey ist, so kann der Him=
mel sie vielleicht zur Abnahme bringen, wenn wir erst
besser bekannt, wenn wir erst verheyrathet sind; und
mehr Gelegenheit haben, einander kennen zu lernen.
Ich hoffe die Bekanntschaft wird schon mehr Verachtung
nach sich ziehen; statt diesem hat die 3. A.

Slender. Ich will sie heyrathen, Herr, weil Ihr es
verlangt. Und wenn denn auch im Anfange nicht viel
Liebe dabey ist, so kann der Himmel sie vielleicht zum
Wachsthum bringen, wenn wir erst besser bekannt,
wenn wir erst verheyrathet sind, und mehr Gelegen=
heit haben , einander kennen zu lernen. Ich hoffe,
die Bekanntschaft wird schon mehr nach sich ziehen.

Slenders Charakter ist, in allen seinen Reden
verkehrte Wörter zu brauchen, so sagt er *decrease*,
statt: *increase*, *dissolve*, und *dissolute*, statt : *resolve*
und *resolute*, *Contempt*, statt *Content*: daß der Uebersetzer dieses eingesehen, zeigt sich am Schluß der

E

Rede, da er fehr richtig überfeßt: dazu bin ich völlig diffolvirt, völlig diffolut. Warum unterließ aber dies der Ueberfeßer vorher und in andern Stellen?

190 S. 18 Z. Ich habe Geckerfon (den Bären) zwanzigmal los gefehen, und hab' ihn bey der Kette gepackt, 2c.

And have taken him by the Chain &c.

Z. A. Und ich hab' ihn bey der Haut gepackt.

193 S. 8 Z. Es koftet mich zehn Pfund die Woche.

I fit at ten pounds a Week.

Z. A. Ich ftehe mich auf zehn Pfund die Woche.

Das ift juft umgekehrt: er fagt, daß es ihm die Woche hindurch zehn Pfund in feinem Wirthshaufe koftet. Und hier wird gefagt, daß er zehn Pfund Einkommens die Woche hat.

204 S. 20 Z. Er fchleppt 2c. He pulls &c. ftatt: er ftößt, 2c.

212 S. 6 Z. Aller fetten Mannsperfonen, ftatt: aller Mannsperfonen: denn das ift Unfinn.

214 S. 9 Z. Trahn, ftatt: Oel: denn das ausgekochte Fett vom Wallfifch nennt man Trahn, nicht Oel.

230 S. 12 Z. Ich habe nie eine Frau gekannt, die fo verliebt in eine Mannsperfon gewefen ift. Wahrhaftig, ich denke, Sie können zaubern = = = Ja wahrlich, das können Sie.

, I never knew a woman ſo doat upon a Man; ſurely, I think you have charms : La; yes, you have; ſtatt: dieſe letzte Reden, liefert uns die J. A.

Wahrhaftig, ich denke, Sie haben gewiſſe Reitze = = ja wahrlich, die haben Sie.

Damit war der Schluß der ganzen Rede der alten Kuplerinn verdorben.

241 S. 22 Z. Und was ſie dann in ihrem Her-zen denken, das auszuführen iſt, das muß ausgeführt werden, ſollten ꝛc.

And what they think in their hearts they may effect, &c.

J. A. Und was ſie denn in ihrem Herzen auszu-führen beſchlieſſen, das muß ꝛc.

249 S. 3 Z. Ich will ſeiner Schurkheit die Urin-gläſer an ſeinem Schelmenſchädel entzwey klopfen, wenn ꝛc.

On his knave's coſtard, ſtatt: an ſeinen Milch-ſchädel, ꝛc.

249 S. 15 Z. Als ich in der Gartenlaube unter tauſend Blumen ſaſſe = = =

When as I ſet in *Pabillon* - - - and a thouſand vagrant poſies - - -

Hieraus macht der Ueberſetzer „ An Waſſerflüſ-ſen Babilon " welches, wenn ich mich nicht irre e'-ne Strophe oder gar der Anfang eines lutheriſchen

Liebes iſt: wie aber das hieher kömmt, iſt mir nicht begreiflich: wie kann man *Pabillon*, zu Ba= bilon machen!

264 S. 14 Z. Frau Ford, itzt werde ich in mei= nem Wunſche ſündigen. Ich wollte dein Mann wä= re tod;

Now ſhall I ſin in my wiſh, I would thy huſ= band were dead.

Z. A. Itzt werd' ich nach Herzensluſt ſündigen können.

Der Ausdruck iſt falſch, zu grob und gar nicht Shakeſpeariſch.

281 S. 10 Z. Ach Himmel! ich möchte mich lie= ber bis an den Hals eingraben, und mit Steckrüben zu tode werfen laſſen.

Alas, I had rather be ſet quick i'th' earth
And bowl'd to death with turnips.

Z. A. Ach Himmel! ich möchte mich lieber in die Erde ſcharren, und mit Steckrüben zu tode werfen laſſen.

Wer einmal in die Erde geſcharrt iſt, den wirft man nicht mehr tod.

288 S. 8 Z. Es war der garſtigſte Miſchmaſch von abſcheulichem Geſtank in dem Korbe ꝛc. ſtatt: nie= derträchtigem Geſtank ꝛc.

308 S. letzte Z. Komm zur Schmiede mit diesem Anschlag; wir wollen ihm seine Form geben; ich lasse die Sachen nicht gerne kalt werden.

Come to the forge with it, then shape it; I would not have things cool.

Z. A. Erst wollen wir den Anschlag schmieden, weil er noch warm ist, und denn ihm seine Form geben.

Das ist etwas ganz anders!

320 S. 9 Z. Laß die Sturmglocke läuten, statt: mach Lärmen.

320 S. 17 Z. Da würden sie mich aus meinem Fett herausschmelzen, einen Tropfen nach dem andern und Fischerstiefel mit mir bestreichen.

Z. A. Und Fischerkähne mit mir bestreichen. Im Original ist *Fisherboots*, nicht *Fisherboats*, denn die Kähne bestreicht man mit Teer und Pech, die Stiefel aber mit Fett, damit sie Wasser halten.

322 S. 1 Z. Sonst hätte der Schurke von Häscher mich als eine Here in den Block gesteckt. In the stocks.

Z. A. Mich in's Loch, in's Hundeloch gesteckt.

Ende des fünften Bandes.

Antonius und Kleopatra.

Sechster Band.

, S. 7 Z. Gott behüte mich vor Runzeln!
Wrinkles forbid!

Z. A. Das verhüten meine Runzeln!
Was sollen denn da die Runzeln verhüten?

50 S. 7 Z. Wenn ich aber wüste, daß es einen
Reif gäbe, der unfre Freundschaft festbände, so wollt'
ich ihn von einem Ende der Welt bis zum andern
aufsuchen.

    Yet, if I knew

What hoop would hold us staunch, from edge
  to edge

O' th' world, I would pursue it.

Z. A. Wenn ich aber einen Reif wüste, der unfre
Freundschaft so fest bünde, daß sie nie zerrinnen könn=
te, so wollt' ich ihn von Hecke zu Hecke in der ganzen
Welt aufsuchen.

Von Hecke zu Hecke! *Edge of the World* heißt
der Rand, das Ende der Welt. *Hedge* heißt eine
Hecke.

72 S. 10 Z. Mit den übrigen bewaffneten Freun=
den der holden Freyheit ꝛc.

With the arm'd rest , courtiers of beautous
freedom.

Z. N. Mit den übrigen bewaffneten Vertheidi-
gern ꝛc.

77 S. 16 Z. Unsre Augen, statt: deine Augen ꝛc.

Man lese die ganze Rede von Enobarbus, so
wird der Unterschied auffallender.

Z. S. letzte Z. Es entstellt ganz erbärmlich die
Wangen.

Which pitifully disaster the cheeks.

Z. A. Es macht einen erbärmlichen Anblick.

88 S. 9 Z. Und bey den Schlußzeilen des Lieds
muß ein jeder so laut aus dem Halse singen, als er
kann.

The holding every Man shall bear, as loud
As his strong sides can volly.

Z. A. Und bey den Schlußzeilen des Liebes muß
ein jeder sich so laut in die Seiten schlagen, als er
kann.

Und warum das? und was heißt denn, sich
laut in die Seiten schlagen? der Sinn ist; ein jeder soll bey Wiederholnng der Schlußzeilen, so
laut singen, als es seine Kehle und seine Lenden
vermögen; denn diese Theile werden zum Lautsin-
gen angestrenge.

96 S. 74 Z. Was er mit Freuden zerstören half,
beweinte er, glaube mirs, bis ich auch weinte.

What willingly he did confound, he waild,
Believe it, 'till 1 wept too.

E 4

Z. A. Was er mit Freuden zerstören half, beweinte er. Glaube mir das, bis du mich auch so weinen siehst.

102 S. 21 Z. Der deinen Bruder in die Enge treiben wird.

Shall strain your brother.

Z. A. Der deinem Bruder wenig Ehre machen wird.

113 S. 18 Z. Es wird dir keine Schande seyn, wenn du dich in kein Seetreffen einlässest, da du zu Lande auf alles gefaßt bist.

    - - No disgrace
Shall fall you for refusing him at sea,
Being prepar'd for land.

Z. A. Es kann dir nichts schaden, wenn ꝛc.

137 S. 17 Z. Fodere du es von ihm = =

Urge it thou - -

Z. A. Sag' ihm das = =

Der Unterschied ist sehr merklich; man lese die Rede des Antonius.

141 S. 10 Z. Der alte Klopfechter muß wissen, ich habe manche andre Art zu sterben.

    Let the old ruffian know,
I have many other ways to die.

Z. A. Der alte Klopfechter muß wissen, daß er noch auf manche andre Art sterben kann.

154 S. 8 Z. Dieß beugt mein Herz;. This bows my heart;

Z. A. Mein Herz ſchwillt ganz dadurch empor.

154 S. 13 Z. Einen Graben, ſtatt: eine Grube: welches hier ſehr unſchicklich iſt.

157 S. 11 Z. Lauf einer voran und melde der Königinn unſre Thaten.

Run one before,
And let the Queen know of our Geſts.

Z. A. Lauf' einer voran, und melde der Königinn unſre Gäſte.

Antonins kömmt mit dem Heer aus dem Felde zurück, und will der Kleopatra ſeine Gäſte anmelden laſſen! das iſt drolligt!

Geſts, kommt aus dem lateiniſchen von *Res geſta*, und *Gueſt* heißt ein Gaſt.

163 S. 6 Z. Heißt ſie fliehen! = = fort! o Sonne! deinen Aufgang werd' ich niemals wieder ſehen!

Bid them all fly, be gone.
O ſun, thy upriſe ſhall I ſee no more.

Z. A. Heißt ſie fliehen! Geh nur hin, Sonne! deinen Aufgang werd' ich ꝛc.

163 S. 8 Z. Hier nehmen wir Abſchied.

- - - even here
Do we ſhake hands.

Z. A. Eben hier geben wir uns zum letztenmal die Hand.

To shake hands, heißt nicht sich die Hand geben, sondern von einander scheiden, sich trennen, Abschied nehmen.

180 S. 3 Z. Unterhalte dich mit der Vorstellung, daß ich nicht meinen Helm feiger Weise vor meinem Landsmanne abziehe, = =

Nor cowardly put off my helm to
My Countryman;

Z. A. Sondern meinen Helm meinem Landsmann hingebe.

Vollkommen das Gegentheil!

196 S. 1 Z. Es ist aufs genaufte angegeben; auch Kleinigkeiten sind darunter.

- - - 't is exactly valued,
Not petty things omitted - - -

Z. A. Es ist aufs genaueste angegeben; nur nichtswürdige Kleinigkeiten sind nicht darunter.

Wiederum das Gegentheil; wenn diese Leseart gelten sollte, so würde Kleopatra hernach auf keiner Lüge ertappt werden: man lese nur weiter.

196 S. 9 Z. Lieber wollt' ich meine Lippen versiegeln lassen = =

I had rather seal my lips - -

Z. A. Lieber wollt' ich mit den Mund zunähen lassen = =

198 S. 20 Z. Iß und schlaffe ruhig. Feed and sleep.

Z. A. Iß ruhig, und leg dich schlafen.

199 S. 10 Z. Der heitre Tag ist vorbey, und
wir wandern zur Finsterniß.

The bright day is done,
And we are for the dark.

Z. A. Der heitre Tag ist vorbey, und wir sind im
Finstern.

200 S. 13 Z. In Rom zur Schau herum geführt
werden; statt: in Rom zur Schau getragen werden.

201 S. 3 Z. Schwärmereyen, statt: Lustbarkeiten.

201 S. 14 Z. Und ihre sichersten Anschläge zu
vernichten.

- - - To conquer
Their moſt aſſur'd intents.

Z. A. Und ihre albernen Anschläge zu vernichten.

207 S. 9 Z. Schließt euch, ihr weichen Augenlieder; und nimmer werde die goldene Sonne wieder
von so königlichen Augen angeschauet = =

- - - Downy windows, cloſe;
And golden Phoebus never be beheld
Of eyes again ſo royal!

Z. A. Schließt euch, ihr weichen Augenlieder; und
nimmer wird die goldne Sonne wieder von so königlichen Augen angeschaut werden.

Timon von Athen.

Sechster Band.

219 S. 20 Z. Doch thuft du wohl, dem Timon zu zeigen, daß ganz gemeine Augen den Fuß über dem Kopf gesehen haben.

> Yet you do well
> To shew Lord Timon, that mean eyes have seen
> The foot above the head.

Z. A. Doch thuft du wohl, dem Timon zu zeigen, daß oft schon niedre Augen den Fuß über dem Kopf gesehen haben.

220 S. 4 Z. Im Gefängniß ift er; sagft du?

> Imprison'd is he, say you?

Z. A. Gefangen ift er; sagft du?

Der Unterschied ift hier wesentlich.

227 S. 21 Z. Apamanthus. O! die Damen essen grosse Herren; und dadurch werden sie dick.

Timon. Ein schmutziger Gedanke.

Apamanthus. Wie du ihn denkst. Nimm ihn für deine Mühe.

Apamanthus. O! they eat Lords; so they come by great bellies.

Timon. That's a lascivious Apprehension.

Apamanthus. So, thou apprehend'st it. Take it for thy labour.

Z. A. O! die essen' grosse Herren; und dadurch werden sie dick und fett.

Timon. Ein schmutziger Gedanke.

Apamanthus. Wenn du ihn denkst. Nimm ihn für diese Mühe.

227 S. 7 Z. Wie viel denkst du wohl, daß er werth ist? statt: wie viel meynst du wohl, daß ꝛc.

Der Unterschied ist hier grösser wie man glaubt: es muß den k st heissen, sonst verliert sich das Shakespearische Wortspiel: nicht so viel, daß ich drauf denke. Im Englischen also.

Timon. What dost thou think t'is worth?

Apamanthus. Not worth my thinking.

229 S. 10 Z. Daß ich so wenig Witz hätte, ein grosser Herr zu seyn = =

That I had so hungry a wit to be a Lord.

Dieses ist die beste Lesart. Shakespear braucht die Worte *hungry witted, leanwitted* öfters in diesem Sinn. Er will sagen; ich könnte mich selbst hassen, daß ich so ein Narre wäre und gerne ein grosser Herr seyn wollte.

Z. A. Daß ich damit zufrieden wäre, ein grosser Herr zu seyn • •

230 S. 8 Z. Daß die Gicht eure biegsamen Gelenke lähme und ausdörre.

Aches contract, and starve your supple joints.

Z. A. Daß euch die Gicht lähme und ausdörre, ihr biegsamen Gelenke!

237 S. 15 Z. Kerkermeister, statt: Kerkerwärter.

239 S. 3 Z. Und in so weit pflichte ich euch bey. Diese Worte sind in der 3. A. gänzlich ausgelassen worden.

243 S. 12 Z. Eure Gegenwart hat ihr erst einen Werth und lebhaften Glanz gegeben, und meine eigne Erfindung verschönert.

You 've added worth unto't, and lively luſtre,
And entertain'd me with my own device.

Z. A. Eure Gegenwart hat ihr erst einen Werth und lebhaften Glanz gegeben, und mir ein Vergnügen verschaft, darauf ich schon gedacht hatte.

Timon sagt hier etwas, worinn kein Sinn iſt.

258 S. 10 Z. Seht, da kömmt meiner Gebieterinn Edelknabe, statt: meines Herrn Edelknabe.

260 S. 18 Z. Deswegen wirst du nichts an deiner Hochachtung verlieren.

Which not withſtanding, thou ſhalt be no leſs eſteem'd.

Z. A. Denn dafür werden wir dich doch auch ohnedem halten.

264 S. 4 Z. Da unsre Keller von verschüttetem Weine überschwemmt wurden, da an = =

When our vaults have wept
With drunken ſpilth of Wine.

Z. A. Wenn unsre Gewölbe und Decken der Zimmer von verspritztem Wein träufelten = =

Wie unnatürlich!

266 S. 22 Z. Sie hätten eben nichts vorräthig, statt: sie waren eben nicht vorräthig (Timons Tischfreunde).

267 S. 3 Z. Alles wäre wohl nicht recht gewesen.

Some thing had been amiss.

Z. A. Es hätte wohl etwas anders seyn mögen.

280 S. 16 Z. Er nimmt tugendhafte Muster um gottlos zu seyn; gleich denen, die unter dem Scheine von heissem brennendem Eifer ganze Königreiche in Brand stecken möchten. Von dieser Art ist seine politische Freundschaft. Dieser war meines Herrn beste Hoffnung;

Takes virtous copies to be wicked: like those that under hot, ardent, zeal would set whole Realms on fire. Of such a nature is his politick love. This was my Lord's best hope;

Z. A. Tugendhafte Handlungen legt er übel aus; gleich denen, die in ihrem heissen, brennenden Eifer ganze Königreiche in Brand stecken möchten. Von dieser Art ist seine politische Freundschaft. Das waren nun diejenigen, auf die mein Herr seine besten Hoffnungen gesetzt hatte.

Falsch; denn hier ist noch immer, biß zum Schlusse, die Rede vom Sempronius.

291 S. 5 Z. Der nie Beleidigungen zu Herzen zieht, um es nicht dadurch in Gefahr zu bringen.

> And ne'er prefer his injuries to his heart,
> To bring it into danger.

Z. A. Der nie Beleidigungen höher achtet als sein Herz, und es dadurch in Gefahr bringt.

Unbegreiflich!

292 S. 1 Z. So ist der Esel tapfrer als der Löwe; und ein Verbrecher, der mit Ketten beladen ist, ist weiser als der Richter, wenn im Dulden Weisheit liegt.

> The Aſs, more than the lion; and the fellow,
> Loaden with irons, wiſer than the judge:
> If wisdom be in ſuffring.

Nun sehe man, was uns hier die Zürcher Ausgabe liefert.

So ist der Esel tapfrer als der Löwe, und ein Mensch, der eine Last Eisen auf dem Rücken trägt, ist weiser, als ein Rathsherr, wenn im Tragen Weisheit liegt.

293 S. 2 Z. Er ist ein geschworner Zänker; statt: Verschwender.

Es ist die Rede von der Tapferkeit, nicht von der Verschwendung.

305 S. 2 Z. Ehrfurcht für die Götter.

Z. A. Scheu vor den Göttern.

312 S.

318 S. 18 Z. Laß nicht die jungfräuliche Wange dein schneidendes Schwert besänftigen, statt: stumpf machen.

318 S. 19 Z. Jene milcherfüllte Brüste, statt: milchweissen Brüste.

340 S. 4 Z. Die See ist ein Dieb, weil ihre flüßigen Wellen die Salzberge in Thränen auflösen.

The sea's a thief, whose liquid surge resolves
The mounds into salt tears.

Z. A. Die See ist ein Dieb, weil ihre schmelzende Wellen den Mond in salzige Thränen auflösen.

354 S. 11 Z. Ein fressendes Maal; statt: ein Brandmahl.

361 S. 21 Z. Das hat ein wildes Thier aufgewühlt; hier wohnt kein Mensch = = = Ganz gewiß ist er todt; dieß hier ist sein Grab = = = Was steht auf diesem Steine? Ich kann nicht lesen.

Some beast rear'd this; here does not live a
man.
Dead, sure, and this his grave; what's on this
tomb?
I cannot read;

Z. A. Das mag irgend ein wildes Thier lesen; hier wohnt kein Mensch = = = Ganz gewiß ist er todt; dieß hier ist sein Grab = = = Was auf diesem Steine steht, kann ich nicht lesen.

D

362 S.   19 Z.   Mit verſchränkten Armen, traverſt
arms, ſtatt: mit verkehrten Waffen.

364 S.   11 Z.   Die Schaam, nicht liſtig genug ge-
weſen zu ſeyn, brach ihnen das Herz.

Shame, that they wanted cunning, in Exceſs
Has broke their hearts.

Z. A.   Die Schaam, die ſie vorher nicht hatten,
ergriff ſie endlich im vollen Maaß.

Ende des ſechsten Bandes.

Die Kunst eine Wiederbellerin zu zähmen.

Siebenter Band.

3 S. 6 Z. Ins Block gehörst du, dn schlechter Kerl!

†) A pair of Stocks, you rogue!

†) A pair of Stocks, sind die zwey Ballen, worinnen man die Füsse eines Verbrechers steckt: hiemit drohet sie ihm.

Z. A. Ein Paar Strümpfe, du schlechter Kerl!

A pair of Stockings, heissen ein Paar Strümpfe.

11 S. 1 Z. Nach Endigung der Rede des ersten Schauspielers, der mit den Worten „wär es auch die possirlichste Figur von der Welt," schließt, ist in der 3. A. folgendes ganz weggelassen worden.

Zwerter Schauspieler. (zum ersten) Geh, hole du einen Lumpen, deine Schuhe zu reinigen; ich will die Nothwendigkeiten zur Vorstellung besorgen. (der erste geht ab) Ihr Gnaden, wir brauchen einen Hammelsbraten, und ein wenig Essig, um nsern Teufel brüllen zu machen.

Hierauf antwortet der Lord, wie es in der 3. A. steht. Geh Freund, führe Sie in das Eßzimmer ıc.

19 S. 11 Z. Nachdem Alle Amen sagen, tritt die Lady mit Gefolge herein, und vorher ist ganz weggelassen worden, was folget:

Sley. Beym Himmel! ich glaube, ich bin ein Lord. Wie iſt dein Name?

Bedienter. Sim, zu dero Befehl.

Sley. Sim? das iſt ſo viel als Simeon, oder Simon; ſtrecke deine Hand aus, und fülle den Krug. (der Bediente reicht ihm zu trinken) Ich danke dir, es ſoll dein Schade nicht ſeyn. Dieſe letzte Rede, Ich danke dir, es ſoll ꝛc. hat die 3. A. auch; ohne das vorhergehende aber iſt ſie nicht verſtändlich, und man weiß nicht, wofür, noch wem er dankt.

58 S. 10 Z. Ich muß Baarfuß auf ihrer Hochzeit tanzen, und wegen Ihrer Liebe zu ihr, als eine alte Jungfer ſterben.

And for your love to her lead apes in hell.

3. A. Und wegen Ihrer Liebe zu ihr mit mir umſpringen laſſen, wie man Luſt hat.

Die Redensart, lead apes to hell, oder in hell, bedeutet, als eine alte Jungfer ſterben.

138 S. 10 Z. Nach den Worten des Schneiders, der Zettel kann mein Zeuge ſeyn, iſt in der 3. A. ausgelaſſen.

Petruchio. Ließ ihn.

162 S. 22 Z. Ich will dem Schurken die Naſenlöcher ſchlitzen ꝛc.

I'll ſlitt the Villain's noſe &c.

3. A. Ich will dem Schurken den Hals brechen ꝛc.

Die Komödie der Irrungen.

Siebenter Band.

186 S. 1 3. Dergleichen die Seeleute wider den Sturm mit sich zu nehmen pflegen.

Such as seafaring men provide for storms.

3. A. Dergleichen die Seeleute aus Fürsorge mit sich zu nehmen pflegen.

194 S. 4 3. Sie haben keinen Appetit, weil Sie gefrühstückt haben:

You have no stomach, having broke your fast.

3. A. Sie haben keinen Appetit, weil Sie Ihre Fasten gebrochen haben.

250 S. 17 3. (Das Schiff) wartet nur noch auf den Patron, den Schiffer, und auf Sie.

They stay for nought
But for their owner, Master and yourself.

3. A. Und man wartet nur noch auf den Patron, und auf Sie.

302 S. 12 3. Ich glaube ja, mein Herr; ich leugne es nicht.

Es muß wohl ein Druckfehler seyn, daß diese
Reden in der 3. A. zweymal auf einander folgen;
da sie doch erst kommen sollte, wenn Antipholis
von Ephesus gefragt hat; sonst ist in dem ganzen
kein Zusammenhang.

Ende des siebenten Bandes.

Hamlet.

Achter Band.

Gleich Anfangs fehlt in der 3. A. folgendes. Der Schauplatz ist zu Elsingnör. Die Handlung ist aus dem Saxo Grammaticus dänischer Geschichte genommen.

12 S. 22 Z. Warum täglich so viel ehernes Geschütz gegossen wird, und so viele fremde Kriegsrüstungen anlangen?

And why such daily caſt of brazen Canon,

And foreign mart for implements of war?

3. A. Warum täglich so viel ehernes Geschütz, so viel fremde Kriegsrüstungen anlangen?

13 S. 14 Z. Und dieser verlor, Kraft eines durch Siegel, und die Gesetze der Wappenkunst bestätigten Vergleichs, mit seinem Leben ꝛc.

– – – Who by ſeal'd Compaſt,

Well notify'd by Law of heraldry

Did forfeit (with his Life) &c.

3. A. Und dieser verlor, durch einen versiegelten und durch das Recht der Waffen bestätigten Vergleich, mit seinem Leben ꝛc.

21 S. 2 Z. Das Blut ist dem Herzen nicht natürlicher, noch dem Munde der Dienst der Hand unentbehrlicher, als es ꝛc.

The blood is not more native to the heart,

The hand more inſtrumental to the moulh,

Then is &c.

Z. A. Das Haupt iſt dem Herzen nicht unentbehr=
licher, noch dem Munde der Dienſt der Hand, als ꝛc.

23 S. 1 Z. Alle die leben, müſſen ſterben.

T'is common on all that live muſt die.

Z. A. Alle Menſchen müſſen ſterben.

Iſt der Anfang von einem lutheriſchen Liede.

24 S. 17 Z. Aeuſſerſt ungereimt in den Augen
der Erfahrung, deren ganz gemeiner Gegenſtand der
Tod der Väter iſt, ꝛc.

Z. A. In den Augen der Vernunft ꝛc.

Das Wort *reaſon* wird oft beym Shakeſpear,
ſtatt: *experience* gebraucht, und ſo muß es auch
hier genommen werden, wenn der Sinn vollkom=
men richtig ſeyn ſoll.

24 S. 22 Z. Begrab dieſe unnütze Traurigkeit
mit dem Verſtorbenen, und ſieh uns an, als deinen
Vater.

Throw to earth

This unaveiling woe, and think of us,

As of a father.

Z. A. Leg dieſe unnütze Traurigkeit ab, und ſieh
uns als deinen Vater an.

30 S. 2 Z. Guten Morgen, ſtatt: guten Abend.

36 S. 22 Z. Und daher muß ſeine Wahl ſich

nach der Stimme und Einwilligung des Körpers richten, wovon er das Haupt ist.

And therefore muſt his choice be circumſcrib'd
Unto the voice and yielding of that body,
Wherof he's head.

Z. A. Und daher muß ſeine Wahl ſich nach den
Stimmen und Wünſchen des Körpers richten, wovon ꝛc.

Das Wort *yielding* heißt hier ſo viel als *conſent.*

43 S. 9 Z. Deutlich zu reden, in plain terms.

Z.-A. Die Wahrheit zu ſagen.

44 S. 18 Z. Dieſe taumelnde Trinkgelage, die
von Morgen bis in die Nacht dauren, machen uns verächtlich, und zum Geſpötte andrer Völker.

This heavy - headed revel eaſt and weſt,
Makes us traduc'd, and tax'd of other Nations.

Z. A. Dieſe taumelnden Trinkgelage machen uns
in Oſten und Weſten verächtlich, und zum Geſpötte
andrer Völker.

Eaſt and weſt will hier weiter nichts ſagen, als
unaufhörlich, von Morgen bis in die Nacht, vom
Abend bis an Morgen. Vom Aufgang bis zum
Untergange der Sonne.

46 S. 8 Z. Deine geweyhten Gebeine, in der
Erde verſcharrt ꝛc.

Thy canoniz'd bones, hearſ'd in Earth, &c.

Z. A. Im Tode verſcharrt.

Man muß *earth,* ſtatt: *death* leſen, ſonſt iſt es
Nonſenſe.

52 S. 4 Z. Getödtet, ſtatt: geſtochen.

92 S. 4 Z. Den Herkules mit ſeiner ganzen Bürde.

Z. U: Den ganzen Herkules mit aller ſeiner Ladung.

98 S. 18 Z. Es wäre kein Salz in den Verſen.

Z. A. Es wäre kein Sallat in den Verſen.

98 S. vorletzte Z. Wodurch der Verfaſſer Empfindung verriethe.

Z. U. Affectation verriethe.

107 S. 5 Z. Mir den Bart ausraufen, und ihn mir ins Geſicht blaſen?

Plucks off my beard, and blows it in my face?

Z. U. Mir den Bart ausraufen, mir einen Schlag ins Geſicht geben?

Hier zeigt ſich deutlich, daß der Ueberſetzer den Text nicht verſtanden hat.

112 S. 17 Z. Einen Anfall von Unruhe ꝛc.

Aſſail of troubles - -

Der Herr Ueberſetzer las, a ſea of troubles - - und hat daher die Z. A. ein ganzes Meer von Unruhen.

124 S. 11 Z. Es giebt einige, die ſelbſt zu erſt lachen, um eine Anzahl alberner Zuſchauer zum Lachen zu bringen.

For there be of them, that will themſelves laugh, to ſet on ſome quantity of barren Spectators to laugh too:

Z. A. Es giebt einige, die selbst darüber lachen, wenn sie eine Anzahl alberner Zuschauer zum Lachen bringen.

151 S. vorletzte Z. Und doch, was vermag die Reue allein?

Yet, what can it, when one can but repent?

Z. A. Und doch, was vermag sie, wenn man nicht das Vermögen zur wahren Reue hat?

Dieses ist ein Gedanke des Uebersetzers, der nicht im Original ist. Der König sagt, was vermag die wahrste Reue, wenn keine Genugthuung, keine Wiedererstattung geschehen kann.

196 S. 4 Z. Wo ihr das Verbrechen findet, da strafet.

And where th' offence is, let the great tax fall.

Z. A. Wo ihr das Verbrechen findet, da laßt das Beil fallen.

Anstatt: ax, muß man tax lesen, nach der Meinung der besten Ausleger: tax aber bedeutet nichts anders, als penalty, punishment.

197 S. 18 Z. Aber sie wußten, was sie thaten; ich soll ihnen wieder einen Dienst leisten.

But they knew what they did; I am to do a good turn for them.

Z. A. Ich bin Willens ihnen einen Dienst zu erweisen.

Die Grammatick lehret einen schon, daß I am to do, ich soll, heißt, und nicht, ich bin willens: welches gar auf das, was vorhergeht, nicht paßt.

203 S. 4 Z. Das gesetzte Alter in seinen Zobelpelzen und langen Gewändern, die Ansehn und Reichthum anzeiger.

Importing Wealth and greatness;

Z. A. Die ihm Gesundheit und Ansehn verschaffen.

Ein mit Pelz gefütterter Rock verschaft keine Gesundheit: to import heißt auch nicht verschaffen, sondern hier blos anzeigen, zu erkennen geben. Man muß Wealth, statt: health lesen.

205 S. 13 Z. Und jenes Sollen ist wie die Handschrift eines Verschwenders; sie schadet, indem sie erleichtert.

And then this Should is like a spend-thrift's sign, That hurts by easing - -

Z. A. Und jenes Sollen ist wie ein verschwendrischer Seufzer, der zugleich schadet und erleichtert.

Was für Unsinn! ein Seufzer, der verschwenderisch ist, der zugleich schadet und erleichtert.

229 S. 11 Z. Uebereilung = = und Dank sey der Uebereilung = =

Z. A. Schnell = = und gepriesen sey die Schnelligkeit dafür! = =

Rashness heißt Uebereilung = = = Schnelligkeit kann es gar nicht heissen, denn er giebt sie gleich

als eine Unbefonnenheit an, und fage, daß uns
die oft dient , wenn alle unfre Entwürfe miß-
lingen.

231 S. 9 Z. Wenn der Friede noch immer feinen
Kranz von Weißenähren tragen, und als ein Freund
zwifchen ihrer beyderfeitigen Freundfchaft ftehen follte 2c.

And ftand a Commere 'tween their Amities - -

Z. A. Und als ein Komma, zwifchen ihrer 2c.

Das ift doch wohl der armfeligfte Sinn, den
man fich denken kann ; der Ueberfezer ift dem
Johnfon gefolgt. Beffere Ausgaben lefen *Commere*,
ftatt: *Comma* - - das eine Zwifchenhändlerinn, eine
Freundin von beyden Partheyen bedeutet, für die
ich das Wort Freund genommen habe, weil der
Friede im Deutfchen männliches Gefchlechtes ift.

244 S. 16 Z. Laertes. Geftreift, geftreift, ich
gefteh' es.

Rönig. Unfer Sohn wird gewinnen.

Z. A. Geftreift, geftreift, ich gefteh' es. Rönig.
Unfer Sohn wird gewinnen. Ein großer Druckfehler.

Titus Andronikus.

Achter Band.

259 S. 6 Z. Er mit seinen Söhnen, ein Schrecken unsrer Feinde, hat ein mächtiges Volk, in Waffen erzogen, unters Joch gebracht.

With his sons (a terror to our foes)

Has yoak'd a Nation strong, train'd up in Arms.

Z. A. Mit seinen Söhnen hat er, ein Schrecken unsrer Feinde, ein mächtiges Volk, in Waffen erzogen, unters Joch gebracht.

Da ist es schwer den rechten Sinn zu finden.

261 S. 19 Z. Heil dir, o Rom, siegreich in meiner Trauer!

Hail, Rome, victorious in my mourning weeds!

Z. A. Heil dir, o Rom, siegreich in deinen Trauerkleidern!

Titus will so viel sagen: heil dir, o Rom, du bist siegreich, obgleich ich für meine Söhne traure, die ich zur Erlangung dieses Sieges verlohren habe. Warburton und Theobald haben beyde mit Recht so gelesen.

267 S. 6 Z. Lebe lange, Lavinia; überlebe die Tage deines Vaters, in der ewigen Dauer des Ruhms, zum Preise der Tugend!

Lavinia live; out live thy father's days,
In fame's eternal date for virtue's praise!

S. A. Lebe lange, Lavinia; überlebe die Tage deines Vaters, und die ewige Dauer des Ruhms der Tugend!

Dieses ist freylich übertrieben, und widersprechend, wie der Ueberseßer in einer Note bemerkt; allein er hätte nur mit Theobald *In fame's eternal date,* statt: *And fame's eternal date* lesen sollen, so wird der Wunsch ganz vernünftig und gut. Die Note war ausgestrichen, und sollte ganz weggelassen werden; allein aus Versehen des Seßers und Correktors blieb sie stehen.

269 S. 10 Z. Gerecht führte ihn der ꝛc. Upright he held it &c. statt: mit Ruhm führt ihn der ꝛc.

276 S. 2 Z. Ich habe das Kayserthum von dir erbettelt. I begg'd the Empire at thy hands, statt: ich habe das Kayserthum als ein Almosen von dir bekommen.

277 S. 17 Z. Dessen Weisheit ihrem Unglücke ein Ende machte;

Whose wisdom has her fortune conquer'd.

S. A. Dessen weiser Rath ihrem Glück ein Ende machte;

Wer kann diesen Sinn darin finden? und was will es sagen?

280 S. 15 Z. Die Griechen begruben mit Be=
dacht ꝛc. ſtatt: wir wiſſen daß die Griechen mit Be=
dacht begruben den Ajar ꝛc.

281 S. 6 Z. Gut; begrabt ihn, und dann be=
grabt mich auch.

Well, bury him, and bury me the next.

Z. A. Gut; begrabt ihn und begrabt mich näch=
ſtens auch.

Unrecht, und noch dazu ſchwach und ſchleppend.

295 S. 3 Z. Dort vollbringt eure Luſt, beſchat=
tet vor dem Auge des Himmels, und ſchwärmt in
den Schätzen Laviniens.

There ſerve your luſts, ſhadow'd from heaven's eye,

And ravel in Lavinia's Treaſury.

Z. A. Dort vollbringt eure Luſt, beſchattet von
dem Auge des Himmels, und ſetzt euch in Laviniens
Beſitz.

298 S. 9 Z. Die Schlange liegt aufgerollt, ſtatt:
die Schnecke liegt aufgerollt.

303 S. 17 Z. Stachelſchweine, ſtatt: Elberen.

305 S. 1 Z. Auf ihr ehliches Gelübde, upon her
nuptial vow.

Z. A. Auf ihren ehrlichen Schwur. Iſt wohl ein
Unterſchied.

309 S. 16 Z. Kommt her, ihr Prinzen, eilet.

Come on, my Lords, the better foot before.

Z. A.

Z. A. Kommt her, ihr Prinzen, den rechten Fuß voran;

The better foot before heißt, rührt die Füße, eilet.

317 S. 5 Z. Entehrt, statt: entführt.

318 S. 13 Z. Und doch nicht einmal so glücklich werden konnten, deine Liebe zu gewinnen.

And might not gain so great a happiness,

As have thy love.

Z. A. Und doch nicht einmal so glücklich werden könnten, nur die Helfte deiner Liebe zu gewinnen.

Warum denn die Helfte?

325 S. 5 Z. Die Quaal deines Vaters zu vermehren, statt: daß dein Vater dich so sehen muß.

330 S. 18 Z. Meine Jugend kann besser Blut verlieren als du.

My Youth can better spare my blood than you.

Z. A. Meine Jugend kann besser mein Blut schonen, als du.

Wer kann das verstehen? was heißt sein Blut schonen?

333 S. 20 Z. Ist nicht mein Leiden tief, da es keinen Boden hat?

Is not my sorrow deep, having no bottom?

Z. A. Ist nicht mein Leiden tief, und hat keinen Boden?

E

349 S. 5 Z. **Ehe wir mit dieſer Schaude ſterben.**

Ere die with this reproach.

Z. U. Oder mit dieſer Schaude ſterben wollen.

357 S. 17 Z. **Eher ſoll dieß Schwert hier dein Eingeweide aufpflügen.**

Sooner this Sword ſhall plough thy bowels up.

Z. U. Eher ſoll dieß Schwert hier deine Eingeweide umpflüzen.

364 S. 17 Z. **Und laßt kein einziges Kriegsſchiff unaußgeſucht.**

And leave not a Man of War unſearch'd.

Z. U. Und laßt keinen einzigen Krieger unaußgeforſcht.

Man ſieht ja deutlich, daß hier von Schiffen und nicht von Soldaten die Rede iſt.

369 S. 8 Z. **Kannſt du dem Kayſer eine Rede mit Grazie halten?**

Can you deliver an oration to the Emperour with a Grace?

Z. U. Kannſt du dem Kaiſer eine Bittſchrift mit Grazie überreichen?

373 S. lezte Z. **Durch mein Anſtiften mit Unrecht ermordet wären.**

Have by my Means been butcher'd wrongfully?

Z. U. Mit Unrecht ermordet wären?

Das *by my Means*, durch mein Anſtiften, iſt ausgelaſſen worden.

374 S. 13 Z. Beute, statt: Blute.

379 S. 2 Z. Das verwüstete Gebäude, the wasted building.

Z. A. Das weitläuftige Gebäude.

393 S. 8 Z. Nach den Worten, aber seyd willkommen, war in der Zürcher Ausgabe ausgelassen, wie ihr seyd.

398 S. 4 Z. Meine Hand ist abgeschnitten worden, und man hat Scherz damit getrieben.

My hand cut off and made a merry jest.

Z. A. Meine Hand habt ihr abgeschnitten, und euch eine Kurzweil damit gemacht.

Nicht Chiron und Demetrius hatten seine Hand abgeschnitten, sondern den Gemahl der Lavinia umgebracht, und deswegen wurden ihre beyden Brüder unschuldig zum Tode verurtheilt, und ihm selbst die Hand abgeschnitten. Dieß ist der rechte Sinn.

400 S. 16 Z. Freunde, statt: Feinde.

401 S. 11 Z. Diese Zwistigkeiten müssen ruhig geschlichtet werden.

These Quarrels must be quietly debated.

Z. A. Diese Zwistigkeiten müssen gänzlich geschlichtet werden.

Ende des achten Bandes.

Othello.

Neunter Band.

5 S. 12 Z. Und ich muß = = zu allem Unglück = = seiner mohrischen Ercellenz demüthiger. Fahnenjunker bleiben.

God bless the mark – –

Z. A. Und ich muß = = Dank sey dem Himmel! = = seiner ꝛc.

15 S. 6 Z. Nach den Worten, „Eine andre Straße;“ war in der 3. A. weggelassen, „vor dem Wirthshaus des Schützen.“

47 S. 18 Z. Denn sie wurden im heftigsten Sturme von einander getrennt.

– – – For they were parted
With foul and violent tempest.

Z. A. Denn sie waren im heftigsten Sturm abgesegelt.

51 S. 16 Z. Sie begrüssen die Festung;

They give this greeting to the Cittadel.

Z. A. Die Schüsse geschehen nach der Festung zu.

59 S. 12 Z. Geh nach der Bucht.

Go to the bay.

Z. A. Geh an die Rhede.

64 S. vorletzte Z. Den ich wegen seiner schnellen Jagd liebe, = =

- - - Whom I cherish

For his quick hunting - - -

Z. A. Dem ich auf seiner Spur nachgehe.

Gerade das Gegentheil; er gieng ihm nicht
auf der Spur nach, sondern er hetzte ihn an.

69 S. 11 Z. Diesen Abend, statt: diese Nacht.

69 S. letzte Z. Wenn der Erfolg meinem Entwurfe
se entspricht, - -

If consequence do but approve my deem.

Z. A. Wenn der Erfolg meinen Traum in Wirk-
lichkeit verwandelt, - -

Der Uebersetzer las *dream*, statt: *deam*.

70 S. 7 Z. Nicht über einen Schoppen, - - a pint.

Z. A. Nicht über ein Maaß.

81 S. 8 Z. (Desdemona kömmt mit Gefolge)
Seht doch, meine theure Desdemona ist auch gestört
worden; (zum Offizier) deine Strafe soll andern zum
Beyspiel dienen.

Look if my gentle love be not rais'd up;

J'll make thee an Example.

Statt dieses liefert uns die Z. A. etwas ganz
verschiedenes.

(Desdemona kömmt mit Gefolge) Seht doch, meine theure Desdemona ist schon aufgestanden, ich will
dich andern Frauen zum Muster aufstellen.

Othello soll hier während dem Gezänke, es
als eine Tugend ansehen, daß seine Frau um Mit-

F 3

eernacht aufgestanden ist, und will sie deswegen
zum Muster andrer Frauen aufstellen: da er doch
gleich darauf wieder sagt: Komm mit zu Bette.
Er redet gar nicht zu seiner Frau, die er nur
noch in der Entfernung sieht, sondern zu den Offi-
zieren 2c. und will sagen: „Seht, auch meine Frau
habt ihr aus dem Schlafe gestört:“ und dann wieder
zu dem einen Offizier = = „du sollst andern zum Beyspiel dienen.“

102 S. 22 Z. Man sollte das seyn, was man
scheint; oder diejenigen, die es nicht sind, sollten lieber Schelmen ähnlich sehen.

Men should be what they seem.

Or, those, that be not, would they might
seem knaves.

Dieses ist die beste und richtigste Lesart.

Z. I. Man sollte das seyn, was man scheint; oder
wenn man es nicht ist, sollte man lieber keinem Menschen mehr ähnlich sehen.

106 S. 1 Z. O! gnädiger Herr, hüten Sie sich
vor der Eifersucht; sie ist das grünäugige Ungeheuer,
dem es selbst vor der Speise eckelt, von der es sich nährt.

O! beware, my Lord, of jealousy;

It is a greeney'd Monster, which doth mock
The meat it feeds on.

Z. A. Welches die Speise selbst zerfleischt, von der
es sich nährt.

Die Note war ausgestrichen, und hätte ganz
wegbleiben sollen, denn sie ist falsch; *to mock* bedeutet so viel als *to loath*, eckeln, und nicht *to mam-
mock*, zerstücken, zerfleischen.

106 S. vorletzte Z. Nein! Wenn man einmal zwei-
felt, so muß man darauf bestehen, seinen Zweifel auf-
zulösen.

- - - No, to be once in doubt,
Is once to be resolv'd. - - -

Z. A. Einmal zweifeln heißt, Einmal entschlossen
seyn. Das ist nicht verständlich!

107 S. 9 Wo Tugend ist, da machen diese Dinge
selbst noch tugendhafter.

Where virtue is, these make more virtuous.

Z. A. Wo Tugend ist, da sind diese Dinge selbst
tugendhaft.

120 S. 7 Z. Bey der ganzen Welt! ich glaube,
mein Weib ist ehrlich, und glaube, sie ists nicht; ich
glaube, du bist ehrlich, und glaube, du bists nicht. = =

- - - By the world,
I think, my wife is honest; and think, she's
not;
I think, that thou art just; and think, thou
art not.

Z. A. Bey der ganzen Welt! ich glaube, mein
Weib ist ehrlich, und glaube, sie ists nicht; ich glaube
du bists nicht. = =

163 S. 10 Z. Ich bin finster, wie die Hölle!

I here look grim as hell!

Z. A. Dabey sieh so finster aus, wie die Hölle!

163 S. 16 Z. O! du tödtliches Unkraut! warum bist du so liebenswürdig schön? du riechst so lieblich, daß ic.

O! thou bale weed! why art so lovely fair?

Thou smell'st so sweet &c.

Z. A. O! du Unkraut! du siehst so schön aus, und riechst so lieblich, daß ic.

Romeo und Julie.

Neunter Band.

228 S. 6 Z. Mein Schlachtschwert: my long sword: statt: meinen langen Degen.

Die in der 3. A. dazu befindliche Note, ist weggelassen worden.

230 S. 13 Z. Indeß wir nun Hiebe und Stöße wechselten 2c.

While we were interchanging thrusts and blows &c.

3. A. Indeß wir nun Drohungen und Schläge wechselten 2c.

234 S. 1 Z. Leider! daß die Liebe, deren Gesicht immer verhüllt ist, ohne Augen den Pfad zu ihrem Unglück finden sollte.

Alas, that love, whose view is muffled still,

Should without eyes see path - ways to his ill!

3. A. Leider! daß die Liebe, deren Anblick immer verhüllt ist, ohne Gesetze, unserm Willen den Pfad vorzeichnet.

Wer da Sinn finden könnte!

243 S. 6 Z. Wenn man durchs Herumdrehen schwindlich geworden ist, so hilft man sich durchs Herumdrehen auf die andre Seite.

Turn giddy, and be help'd by backward turning,

Z. A. Wenn man fchwindlicht ift, fo hilft man
fich durchs Herumdrehen auf die andre Seite.

254 S. letzte Z. Kein auswendig gelernter Prolog
foll matt dem Einhelfer bey unferm Eintritt nachge=
fprochen werden.

> Nor a without book prologue faintly fpoke
> After the prompter, for our entrance.

Z. A. Kein Prolog ohne Buch foll matt ꝛc.
Was ift denn ein Prolog ohne Buch?

255 S. letzte Z. Pfeil, Shaft, ftatt: Speer.

257 S. 11 Z. Nie war das Spiel fo fchön; und
ich habe nichts mehr zu verlieren.

> The game was ne'er fo fair, and I am done.

Z. A. Nie war das Wild fo fchön; und ich bin verloren.

266 S. 6 Z. Wer ift das Fräulein, das dort die
Hand jenes Ritters beglückt?

> What lady's that, that does enrich the hand
> Of yonder knight?

Z. A. Wer ift das Fräulein, das dort jenem Ritter
die Hand giebt?

268 S. 16 Z. Ein zänkifcher Junge, a faucy boy.

Z. A. Ein häßlicher Junge.

298 S. 15 Z. Thisbe ein Katzenauge, oder fonft
was; aber itzt zum Zwecke.

> Thisbe a grey eye, or fo: But now to the pur-
> pofe.

Z. A. Thisbe ein Katzenauge, oder sonst was, aber nichts nütze.

302 S. 17 Z. Willst du mit zu deinem Vater gehn? wir wollen dort zu Mittag essen.

Diese Rede findet sich nicht in der Z. A. In der Note sagt der Uebersetzer, daß einige Reden haben wegbleiben müssen: ganz recht; allein warum auch diese? ohne welche die Antwort des Romeo „Ich will dir folgen" nicht paßt.

310 S. 8 Z. Freylich ist sein Gesicht nichts besser, als andrer Leute ihres.

Z. A. Freylich ist sein Gesicht besser, als andrer Leute ihres.

316 S. 18 Z. Wahrhaftig, gäb' es nur zwey solche Kerle, wie du, so wäre bald keiner mehr da; denn einer würde den andern umbringen.

Z. A. Wahrhaftig, gäb' es nur zwey solche Kerle, wie du, so wäre bald kein Mensch mehr da; denn einer rc.

337 S. 21 Z. Ausser Verona's Mauren ist keine Welt, sondern lauter Fegfeuer, Tartarus, Hölle selbst!

There's no World without Verona's Walls,
But Purgatory, Tartar, Hell itself.

Z. A. Ausser Verona's Mauren ist keine Welt, sondern lauter Fegfeuer, Folter, Hölle selbst!

349 S. 17 Z. Es ist noch lange nicht Tag;
It is not yet near day.

Z. A. Es ist noch nicht gleich vor Tage; ganz
unverständlich.

358 S. 13 Z. Man mag mich hinrichten = =
    Let me be put to death, - -

Z. A. Man mag mich zum Tode verurtheilen, = =

392 S. 10 Z. Mangel und Kummer starren aus
deinen Augen; auf deinem Rücken hängen Armuth
und Verachtung;

    Need and oppreſſion ſtare within thine eyes,
    Contempt and beggary hang upon thy back.

Z. A. Mangel und Kummer darben in deinen Augen; auf deinem Rücken hängt zerlumptes Elend.

395 S. 12 Z. Geh fort, und bleib in der Ferne.
    Hence and ſtand aloof.

Z. A. Geh fort, und bleib dort.

Ende des neunten Bandes.

Viel Lärmen um nichts.

Zehnter Band.

79 S. 2 Z. Ein Wetterhahn, der von jedem Winde bewegt wird:

A vane blown with all Winds:

Z. A. Ein-Wetterhahn, der von keinem Winde
zu bewegen war:

82 S. 4 Z. Liebst du mich wirklich, so wird keine Zärtlichkeit dich bewegen 2c.

If thou dost love, thy kindness shall incite
thee &c.

Z. A. Denn wenn du mich liebst, so soll meine
Zärtlichkeit dich bewegen 2c.

84 S. 3 Z.   Pedro. Pfui! Wer wollte um Zahn-
weh seufzen!
              Leonato. Das doch nur ein Fluß,
oder ein Wurm ist.

Z. A. Ist's nur ein Fluß, oder ein Wurm?

86 S. Unten in der Note. With her heels up-
wards, mit ihren Fersen aufwärts: dieses ist in der
Z. A. „mit ihren Fußsolen aufwärts,“ übersetzt, welches widersinnisch ist.

162 S. 12 Z. Ich will in deinen Augen leben, in deinem Schooß ſterben, und in deinem Herzen begraben werden.

I will live in thy eyes, die in thy lap, and be buried in thy heart.

Z. A. Ich will in deinem Herzen leben, in deinem Schooß ſterben, und in deinen Augen begraben werden.

Ende gut, alles gut.

Zehnter Band.

177 S. 1 Z. Dieß junge Kammermädchen hatte einen Vater = = = O! das hatte! welch ein trauriger Uebergang! = = =

Kow sad a passage!

Z. A. O! das hatte! welch ein trauriger Gedanke!

Dieß ist nicht stark genug, sie will sagen, welch ein trauriger Uebergang vom hat, zu hatte!

177 S. 18 Z. Er war geschickt genug, um itzt noch zu leben, wenn Wissenschaft gegen Sterblichkeit etwas vermöchte.

If knowledge could be set up against mortality.

Z. A. Wenn man Wissenschaft gegen Sterblichkeit aufs Spiel setzen könnte.

188 S. 5 Z. Schaffe dir einen guten Mann, und verhalt dich gegen ihn, wie er sich gegen dich verhält.

And use him, as he uses thee.

Z. A. Und brauche ihn, wie er dich braucht.

Zu einem Mädchen gesprochen! da noch dazu das Wort to use hier gar nicht brauchen heißt.

188 S. 10 Z. Das Schicksal giebt uns freye Hand, und hindert nur dann unsre trägen Absichten, wenn wir selbst träge sind.

When we ourselves are dull.

J. A. Und zieht nur dann unsre träge Absichten zurück, wenn wir zu einfältig sind.

105 S. 3 Z. Keine Umwege! Go not about!

J. A. Darum bekümmre dich nicht. Der Unterschied ist wichtiger, als man Anfangs glauben sollte. Die Gräfinn wiederholet ihre Frage zu verschiedenen malen, ob sie ihren Sohn liebt: Helena will der geraden Beantwortung mit Ja oder Nein ausweichen, macht also einen Umweg, und thut die Gegenfrage „Lieben Sie Ihn nicht, gnädige Frau?" Hierauf antwortet die Gräfinn „Keine Umwege!"

240 S. 10 Z. Gerathe nur nicht zu sehr in Hitze, du möchtest zu geschwinde auf die Probe gesetzt werden.

Do not plunge thy self too far in anger, lest thou hasten thy trial;

J. F. Du möchtest dein Urtheil dadurch beschleunigen.

Hier ist nicht die Rede von einem Urtheile, denn das giebt keinen Sinn; sondern von der Probe der Herzhaftigkeit.

248 S. 20 Z. Daß Sie sich so gleich bey dem Könige beurlauben, und sich stellen, als rührte diese Eilfertigkeit von Ihnen selbst her, und entschuldigen Sie dieselbe mit irgend einer wahrscheinlichen Nothwendigkeit.

That

That you will take your inſtant leave o' th'
    king,
And make this haſte as your own good pro-
    ceeding;
Strengthen'd with what apology, you think,
May make it probable need.

Z. A. Daß Sie ſich ſo gleich bey dem Könige beurlauben, und dieſe Eilfertigkeit zu Ihrem eignen Beſten
auf irgend eine Art entſchuldigen mögen, die Sie für
die dienlichſte halten, ihr den Anſchein der Nothwendigkeit zu geben.

252 S. 6 Z. Die Seele dieſes Menſchen ſind ſeine Kleider.

The ſoul of this Man is his cloths.

Z. A. Die Seele dieſes Menſchen ſteckt in ſeinen
Kleidern.

298 S. 9 Z. Da die Franzoſen ſo betriegriſch ſind,
ſo mag Sie heirathen, wer will; ich wollte lieber unverheirathet leben und ſterben.

    - - - Since Frenchmen are ſo braid,
Marry 'em that will, J'd live and die a maid.

Z. A. Da die Franzoſen ſo betriegriſch ſind, ſo
mag heirathen, wer will; ich will unverheirathet leben
und ſterben.

301 S. 15 Z. Kurz, ihr letzter Athem war ein Seufzer, und itzt singt sie im Himmel.

In fine, made a groan of her laft breath, and now fhe fings in heaven.

Z. A. Endlich gab sie ihren Geift auf, und ift nun eine Bewohnerinn des Himmels.

332 S. Ich bedaure sein Unglück mit meinen troft: reichen Gleichniffen, und ꝛc.

I do pitty his diftrefs in my Similies of Comfort, and &c.

Z. A. Ich bedaure sein Unglück mit meinem troft: reichen Lächeln, ꝛc.

Welchen Sinn giebt uns denn das? der Rüpel vergleicht ihn in seiner Rede mit einem Rätzchen der Fortuna, mit einer Biesemkatze, mit einem Karpen ꝛc. und sagt am Ende, daß sein Unglück bey ihm keine weitere Bedaurniß verdient, als seine troftreiche Gleichniffe. Der Herr Ueberfetzer hatte vielleicht *Smiles*, ftatt: *Similies* gelesen.

339 S. 21 Z. Sie irren sich, gnädiger Herr; sie hat ihn nie mit Augen gesehen. In Florenz ward er mir aus einem Fenfter zugeworfen, in ein Papier gewickelt, worauf der Name des Frauenzimmers ftand, das mit ihn zuwarf. Sie war von Adel, und glaub-

te, ich wäre noch frey. Aber da ich ihr mein Schicksal eröfnet, und hinlänglich gezeigt hatte, daß ich ihre
Wünsche nicht erfüllen könnte, ließ sie endlich mit Mißvergnügen nach, wollte aber den Ring niemals zurück
nehmen.

> - - - Noble she was, and thought
> I ſtood ungag'd, but when I had ſubſcrib'd
> To mine own fortune, and inform'd her fully,
> I could not anſwer in that Courſe of honour,
> As ſhe had made the overture, ſhe ceaſt
> In heavy ſatisfaction, and would never
> Receive the Ring again.

Z. A. Sie war von Adel; und glaubte, sie hätte
mich nun gewonnen. Aber da ich einmal auf dem
Wege der Ehre war, und ihr hinlänglich gezeigt hatte,
daß ich ihre Wünsche nicht erfüllen könnte, ließ sie
endlich nach, wollte aber den Ring ꝛc.

342 S. 1 Z. Hier ist die Bittschrift einer Florentinerinn, die etwa vier oder fünf Stationen zu spät
gekommen ist, und sie selbst hatte übergeben wollen.

> Here's a petition from a Florentine,
> Who has for four or five removes come ſhort
> To tender it herſelf.

Z. A. Hier ist die Bittschrift einer Florentinerinn,
die etwa vier oder fünf Stationen von hier war, und
sie selbst hatte übergeben wollen.

352 S. 7 Z. Entweder bin ich ein ehrliches Mäd=
chen, oder diefes alten Mannes Frau.

I'm either Maid, or this old Man's Wife.

B. A. Wenn ich kein ehrliches Mädchen bin, fo
ift diefer alte Mann eine Frau.

Ende des zehnten Bandes.

Koriolanus.

Eilfter Band.

79 S. 9 Z. Das ist noch nicht alles:

Nor all's this:

Z. A. Nun ist alles sein. Das ist sonderbar!

84 S. 2 Z. So würden wir uns selbst zu ungeheuren Gliedern machen;

Should bring ourselves to be monstrous members.

Z. A. So würden wir selbst ungeheure Glieder werden.

84 S. letzte Z. Ach! dein Verstand wird nicht so bald hervorkommen, als eines andern Menschen seiner.

Nay, your wit will not so soon out as another man's will:

Z. A. Ach dein Verstand wird nicht so bald hervorkommen, als eines andern Menschen Wille:

Worinnen gar kein Sinn ist, denn *will* ist hier ein Zeitwort und kein Substantivum.

88 S. 7 Z. Freundlich also bitte ich dich; Kindly, Sir, I pray, let me ha't: statt: freundlich. Ich bitte dich.

91 S. 16 Z. Achtzehn Schlachten, statt: sechs und dreyßig Schlachten.

F 3

92 S. 14 Z. Nach den Worten: Genüge gethan, iſt in der Zürcher Ausgabe ausgelaſſen: „das
Volk giebt dir ſeine Stimme."

103 S. 13 Z. Zeitdiener, Time-pleaſers, ſtatt:
Gleißner;

104 S. 9 Z. Wenn du deine Abſicht erreichen
willſt ꝛc.

If you will paſs to, where you're bound.

Z. A. Wenn du zu deiner Pflicht zurückkehren willſt.

Das iſt ja ganz verkehrt, und hat mit dem,
was folgt, gar keinen Zuſammenhang.

106 S. 20 Z. O! ihr guten, aber ſehr unweiſen
Patrizier ꝛc.

O good, but moſt unwiſe Patricians &c.

Z. A. O! ihr Götter! aber ihr ſehr unweiſen Patrizier ꝛc.

111 S. 5 Z. Du Elender! Verachtung drücke dich
zu Boden!

Thou Wretch! Deſpight o'erwhelm thee!

Z. A. Du Elender! Verachtung überdecke dich.

To overwhelm, heißt überwältigen, zu Boden
drücken.

116 S. 4 Z. Es iſt eine Wunde, die du ſelbſt
nicht verbinden kannſt.

For 'tis a ſore, you cannot tent yourſelf;

Z. A. Es iſt eine Wunde, die wir haben, die du
nicht verbinden kannſt.

Was sollen denn die eigenmächtig hineinge-
schobenen Worte, die wir haben? der Pöbel,
nicht Koriolan's Freunde, war beleidigt und auf-
gebracht.

124 S. 7 Z. Laß sie fahren. Let it go.

Z. A. Laß es gut seyn.

Was soll er gut seyn lassen? Er meint die Gewalt, von der seine Mutter sagt, daß er sie schon
abgenützt, ehe er sich recht damit bekleidet, und
antwortet mit Verachtung: „Laß sie fahren:" und
alles das wird mit den schläfrigen, tröstlichen
Worten, „Laß es gut seyn" gegeben.

131. S. 17 Z. Ich werde als Konsul zurück kommen, oder niemals meiner Zunge trauen, daß sie es
weit in der Schmeicheley bringen wird.

J'll return Consul, or never trust to what my
tongue can do i'th' way of flattery further.

Z. A. Komm ich nicht als Konsul zurück, so traue
meiner Zunge nicht, wenn sie es künftig in der Kunst
zu schmeicheln weiter bringt.

Wer in diesen Worten einen Sinn finden kann,
den bitte ich mich zu belehren.

137 S. 1 Z. Du verläumdrischer Tribun! wenn
gleich in deinen Augen zwanzig tausendfacher Tod funkelte; wenn du in deinen Händen eben so viel Millionen faßtest, und auf deiner lügenden Zunge beyde

Summen wären; so sagte ich dir doch mit eben der freymüthigen Stimme, womit ich zu den Göttern bäte: du lügst.

Thou injurious Tribune! Within thine eyes sate twenty thousand deaths, in thy hands clutch'd as many millions, in thy lying tongue both Numbers; I would say, Thou liest unto thee, with a Voice as free, as I do pray the Gods.

Z. A. Du verläumdrischer Tribun! In deinen Augen funkelte zwanzigtausendfacher Tod; in deinen Händen faßtest du eben so viele Millionen, auf deiner lügenden Zunge waren beyde Summen! – – Ich sage dir, du lügst, mit eben der freymüthigen Stimme, womit ich zu den Göttern bete!

Den mächtigen Unterschied dieser beyden Uebersetzungen wird jeder Shakespearischer Leser leicht einsehen.

152 S. 16 Z. Kenne mich also lieber nicht; sonst möchten mich deine Weiber mit Spiesen, und deine Knaben in kindischem Handgemenge mit Steinen tödten.

Then know me not, lest that thy wives with spits, and boys with stones, in puny battle slay me.

Z. A. Kenne mich also lieber nicht; sonst möchten mich deine Weiber anspeyen ꝛc.

Spits, sind Bratspiese, to spit heißt speyen.

154. S. 1 Z. Meinen Geburtsort und meine Freunde habe ich verlassen, itzt gehe ich in diese feindliche Stadt = =

.... : My birth place have I and my lovers left;

This ennemy's town J'll enter; ·

Z. A. Meinen Geburtsort haß' ich, und meine Liebe fällt nun auf diese feindliche Stadt. = =

Der Uebersetzer hätte sich nicht daran kehren sollen, wenn Steevens *hate* I für *have* I liest: der Sinn ist ja deutlich genug, und weit ungezwungener.

167. S. 7 Z. Dieser Frieden taugt zu nichts, als Eisen rostig zu machen, die Schneider zu vermehren und Bänkelsänger auszubrüten.

This peace is *worth* nothing, but to rust Iron, encrease tailors, and breed ballad-makers.

Z. A. Der Frieden taugt doch zu nichts, als Eisen rostig und Schneider reich zu machen, und Bänkelsänger hervorzubringen.

Man darf seinem Autor nicht seine eigne Gedanken leihen.

203 S. 22 Z. Dein kindisches Lallen, thy childishness, statt: deine Kindheit.

204 S. 4 Z. Gegen keine zweyte Brut zärtlich, fond of no second brood, statt: gegen keine andre Brut zärtlich: denn Koriolan's Mutter hatte weiter keine Kinder gehabt.

205 S. 20 Z. Ich ward auch gerührt. I too was mov'd, ſtatt: ich ward durch und durch gerührt.

208 S. 15 Z. Ja, das Gefühl des Mitleids fehlet ihm; wenn du eine wahre Beſchreibung von ihm machſt. Yes, mercy, if you report him truly.

Welches in der Zürcher Ausgabe folgendermaſſen überſetzt iſt: Erſtaunlich! wenn du eine wahre Beſchreibung von ihm machſt.

Das iſt ein ganz unglaublicher, ein unverzeyhlicher Fehler. Ich kenne faſt keine ſchönere Stelle im gnazen Shakeſpear, als eben dieſe. Menenius macht eine herrliche Schilderung vom Koriolan, und ſchließt: Ihm fehlt nichts zu einem Gott, als Ewigkeit und ein Himmel, worin er thronte. Worauf Sicinius antwortet: Ja; das Gefühl des Mitleids fehlet ihm: und alles dieſes wird durch das Wort erſtaunlich überſetzt! der herrlichſte Gedanke geht verloren!!!

220 S. 14 Z. Helft mir drey der vornehmſten Soldaten; help, three of th' chiefeſt ſoldjers, ſtatt: helft mir drey oder vier Soldaten; Aufidius, verlangt drey der vornehmſten Krieger, um mit ihm den erblaßten Koriolan wegzutragen, nicht bloß drey oder vier gemeine Soldaten.

Julius Cäsar.

Eilfter Band.

232 S. 16 Z. Aber das muß meine Freunde nicht bekümmern. Unter diesen sey du auch, Kaßius, und schliesse nichts ꝛc.

> But let not therefore my good friends be
> griev'd,
>
> Among which number, Cassius, be you one;
> Nor construe &c.

J. A. Aber das muß meine Freunde, unter denen Kaßius gewiß einer ist, nicht bekümmert machen. Schliesse nichts ꝛc.

234 S. 21 Z. Ist es etwas zum allgemeinen Besten, so setze mir die Ehre vor das eine Auge, und vor das andre den Tod; und ich werde den Tod gleichgültig ansehen. Denn so müssen mir die Götter günstig seyn, wie ich die Ehre mehr liebe, als ich den Tod fürchte.

> And I will look on death indifferently.

J. A. Und ich werde sie beyde gleichgültig ansehen. Denn so müssen ꝛc.

Das wäre ja ein vollkommner Widerspruch!

235 S. 10 Z. Fürchten zu müssen, statt: bücken zu müssen.

239 S. 13 Z. Bis dahin, mein edler Freund, ſey dir genug, was ich itzt antworte. Brutus möchte lieber ein ſchlechter Bauer ꝛc.

Z. A. Bis dahin, mein edler Freund, denke weiter darüber nach. Brutus möchte lieber ꝛc.

Auf dieſe Art wäre kein Zuſammenhang in der Rede des Brutus.

268 S. 8 Z. Denn Antonius iſt nur ein Glied vom Cäſar. Dieſe Worte fehlen in der Zürch. Ausg.

274 S. 5 Z. Sondern gleich unſern römiſchen Schau-ſpielern, zeigt unermüdeten Geiſt und ſtandhaften Muth.

But bear it, as our Roman actors do.

Z. A. Sondern verhaltet euch dabey, wie es Rö-mern anſtändig iſt ꝛc.

Brutus will haben, daß ſie ihre Geſichter wie gute Schauſpieler verſtellen ſollen, und das ſagt er deutlich.

275 S. 6 Z. Deines Bettes theilhaftig zu ſeyn. Conſort your bed.

Z. A. Dein Bette angenehmer zu machen.

Das giebt eine ſonderbare Idee, doch viel-leicht las der Verfaſſer *conſort your bed*, und dann hatte er recht: aber Shakſpear hat das nicht gedacht.

275 S. 18 Z. Aber ein Weib, das die Hochach-tung der Welt hat; Kato's Tochter.

I grant, J am a woman; but withal,

A Woman well reputed; Cato's daughter.

Z. A. Aber ein Weib, das die Welt würdig schätzt,
Kato's Tochter zu seyn.

277 S. 20 Z. Was es ist, mein Kajus, das will
ich dir auf dem Wege zu dem, den es treffen muß,
entdecken.

What it is, my Cajus,

J shall unfold to thee, as we are going,

To whom it must be done.

Z. A. Was es ist, mein Kajus, das will ich dir
unterwegs entdecken, auch wen es treffen muß.

Ende des eilften Bandes.

Macbeth.

Zwölfter Band.

44 S. 21 Z. Der Eine rief, Gott sey mit uns! und Amen! der Andere; als ob sie mich mit diesen Henkershänden gesehen hätten. Auf ihre Furcht horchend, konnte ich nicht Amen! sagen, wie sie sagten, Gott Helf uns.

> One cry'd, *God bleſs us* and *Amen*! the other.
> As they had ſeen me with theſe hangman's hands.
> Liſtening their fear, I could not ſay Amen,
> When they did ſay, God bleſs us.

Z. A. Der Eine rief, Gott helf uns! und Amen! der Andre; als ob sie mich mit diesen Henkershänden gesehen hätten, auf ihre Furcht horchend. Ich konnte nicht Amen! sagen, wie sie sagten; Gott helf uns!

Man gebe nur auf die Punctation Acht, so wird der Unterschied dieser beyden Uebersetzungen deutlich einleuchten.

46 S. 16 Z. Ich geh' nicht wieder hin = = = Ich erschrecke vor den Gedanken, was ich gethan habe. Geh du wieder hin. Ich wag es nicht.]

> I'll go no more;
> J am afraid to think what I have done.
> Look on't again. I dare not.

§. A. Ich geh' nicht wieder hin ⸗ ⸗ Ich erschrecke vor dem Gedanken, was ich gethan habe. Bedenk's noch einmal ⸗ ⸗ Ich wag es nicht.

Itzt könnte man fragen, wagt er es nicht, es noch einmal zu bedenken, oder noch einmal wieder da hin zugehen. Der Unterschied ist, *Look on't again*, heißt nicht: Betenk' es noch einmal: sondern, Geh du wieder hin, und so kommt der Sinn vollkommen heraus.

67 S. 14 Z. Nach den Worten; Und ob ich gleich durch öffentliche Macht ihn aus meinem Gesichte vertilgen 2c., war in der 3. A. ausgelassen, And bid my will avouch it, und nichts als meinen Willen zur Ursache angeben könnte: vermuthlich weil dem Herrn Uebersetzer diese Worte zu dunkel geschienen.

68 S. 18 Z. Wir sind entschlossen, mein König.

We are resolv'd, my Lord.

B. A. Ihr seyd entschlossen, mein König.

Wird wohl ein Druckfehler seyn: aber doch ein sehr grober!

72 S. 1 Z. Dunkle Nacht, statt: blendende Nacht.

73 S. 11 Z. Aber er und fast Jedermann pflegt den Weg von hier bis nach der Schloßpforte zu Fuße zu machen.

But he does usualy,

(So all Men do) from hence to th' palace gate,

Make it their Walk.

Z. A. Aber er und faſt Jedermann pflegt den Weg von hier bis zur Schloßpforte zu nehmen.

Man beliebe die Situation nach zu ſehen, daß Sie da vom Pferde ſtiegen, und den Weg zu Fuße nahmen, ſo wird dieſer Fehler deſto auffallender.

136 S. 1 Z. Wenn du gelogen haſt, ſo ſollſt du lebendig an dem nächſten Baum aufgehangen werden, bis du vom Hunger verzehrt biſt. Sagſt du die Wahrheit, ſo liegt mir nichts daran, wenn du mirs eben ſo machſt.

If thy ſpeech be truth,

I care not, if thou doeſt for me as much - -

Z. A. Sagſt du die Wahrheit, ſo weiß ich dirs eben keinen Dank, daß du das thuſt.

Die Hochachtung welche ich für die vorzügli-chen Talente des Herrn Ueberſetzers habe, verbietet mir, bey dieſer Stelle eine Anmerkung zu machen.

Ende des zwölften Bandes.

Leben

Leben König Heinrichs VIII.

Dreyzehnter Band.

10 S. 15 Z. Noch durch große Thaten rc. statt: noch zu großen Thaten.

17 S. 10 Z. Und will nach eurer Vorschrift zu Werke gehen. And I'll go along by your prescription.

Z. A. Und will nach eurer Vorschrift mich wegbegeben.

Das war wieder nach dem Wörterbuch übersetzt, aber falsch.

21 S. letzte Z. Hat ihm Gold gezeigt, statt: hat ihm Gold verheißen.

24 S. letzte Z. Sie sind gefährlich. And danger serves among them.

Z. A. Die Gefahr ist in ihrem Dienste.

27 S. 4 Z. Daß dies das Schicksal hoher Ehrenstellen und der rauhe Pfad ist, den rc.

T'is but the fate of place, and the rough brake
That virtue &c. —

Z. A. Das es allemal Personen vom Range so geht, und daß dieß der rauhe Pfad ist, den rc.

35 S. 5 Z. Kann er nach dem Gesetze noch Gnade erhalten, so rc.

If he may
Find mercy in the law &c.

3. A. Kann das Recht ihm noch Verzeihung gewähren, so ꝛc.

Mercy ist Gnade, und die kann das Gesetz in gewissen Fällen gewähren, aber nie Verzeihung.

39 S. 18 Z. Ganz gewiß er ist freygebig; (edel)

No doubt he is noble.

3. A. Ganz gewiß ist er von Adel;

Es ist hier die Rede von seiner Großmuth, von seiner Freygebigkeit.

42 S. 5 Z. Sir Heinrich, bringen Sie jene Reihe zum Sitzen = =

Place you that side, I'll take the charge of this.

3. A. Setzt euch an jener Seite, Sir Heinrich = =

42 S. letzte Z. Pflegte er zwanzig Mädchen in einem Athem zu küssen ꝛc.

Just as I do now,

He'd kiss you twenty with a breath.

3. A. Pflegte er ein Mädchen zwanzigmal in einem Athem zu küssen.

44 S. 7 Z. Hier trink ich euch zu, Mylady, thut mir Bescheid, denn es gilt das Wohl eines Dinges = =

Here's to your Ladyship, and pledge it, Madam,

For t'is to such a thing – –

3. A. Hier bring ich euch den Becher, Mylady, trinkt mir zu = =

59 S. 9 Z. Ja, aber es dauerte nicht.

Yes, but it held not.

Z. A. Ja, aber es traf nicht ein.

62 S. 2 Z. Gleichsam der älteste Sohn und Erbe des Glückes thut alles, ꝛc.

Z. A. Gleichsam der älteste Sohne und Erbe thut alles ꝛc.

81 S. 21 Z. Und durch euch mit vielen Kindern gesegnet bin.

Z. A. Und von euch mit ꝛc.

85 S. 15 Z. Ihr thut sanftmüthig = =

Z. A. Ihr seyd sanftmüthig = =

117 S. 11 Z. Der Himmel segne diese Geschäfte!
The Lord increase this busineſs!

Z. A. Der Himmel segne diese Unterredung.

126 S. 9 Z. Itzt, wenn ihr könnt, so erröthet und gebt euch schuldig ꝛc.

Now, if you can, bluſh, and cry guilty, Cardinal.

Z. A. Wenn Ihr itzt erröthen und euch für schuldig erkennen könnt.

126 S. 20 Z. Um dadurch die Gerichtsbarkeit aller Bischöffe zu stümmeln.

By which power,
You maim'd the jurisdiction of all biſhops.

Z. A. Um dadurch alle Bischöfe unter Eure Gerichtsbarkeit zu bringen.

127 S. 1 Z. Wodurch Ihr den König zu Eurem Diener machtet.

G 2

- - - In which you brought the king
To be your fervant.

B. A. Und dadurch dem Könige wie Euren Bedien=
ten begegnetet.

129 S. 8 Z. Daß ihr mir gönnt!
So farewell to the little good you bear me!

B. A. Das ihr mir bringt!

131 S. 18 Z. Die Ungnade des Königs gegen Euch.
Your difpleafure with the king.

B. A. Euer Mißverftändniß mit dem König.

142 S. vorletzte Z. Ich kann fein Gewiffen nicht
tadeln.

I cannot blame his Confcience.

B. A. Ich kann feine Wahl nicht tadeln.

157 S. 7 Z. Aber von feiner Wiege an zur Ehre
beftimmt. Er war ein gründlicher Gelehrter 2c.

Was fafhion'd to much honour, from his cradle;
He was a fcholar, and a ripe and good one;

B. A. Aber ganz gewiß zu vieler Ehre beftimmt.
Von feiner Wiege an war er lehrbegierig 2c.

Was das für Zeug ift!

167 S. 10 Z. So will ich mit meinen Feinden
über meine eigne Perfon triümphiren, die ich für nichts
halte, wenn ihr diefe Tugenden fehlen.

I with mine ennemies
Will triumph o'er my perfon; which I weigh not,
Being of thofe virtues vacant.

Z. A. So will ich mit meinen Feinden über meine eigne Person triumphiren, von der ich nicht glaube, daß ihr diese Tugenden fehlen.

169 S. 12 Z. Aus deinen Blicken errath' ich deine Botschaft.

> By thy looks
> I guess thy message.

Z. A. Aus deinen Blicken vermuth' ich eine Botschaft.

170 S. 4 Z. Ein gemeiner Kammerdiener, statt: ein gemeiner Stallknecht.

197 S. 21 Z. Die Heiligen müssen sie als eine Jungfrau haben; als eine ganz unbefleckte Lielle wird sie zc.

> The saints must have her yet a Virgin;
> A most unspotted lily she shall pass
> To th' ground, &c.

Z. A. Die Heilige müssen sie haben; noch eine Jungfrau, eine ganz unbefleckte Lilie, wird sie zc.

198 S. 2 Z. Vor diesem glücklichen Kinde hab' ich nie etwas gezeugt.·· ···

> Never before
> This happy child, did I get any thing.

Z. A. Vor diesem glücklichen Kinde hab' ich nie etwas besessen zc.

Cymbeline.

Dreyzehnter Band.

Dieses Stück ist durch Versehen des Druckers ohne die gemachten Verbesserungen abgedruckt worden. Hier folgen selbige.

204 S. 3 Z. Hat sich mit einem armen, aber würdigen Edelmanne verlobt.

Has referr'd herself to a poor but worthy Gentleman.

Soll heissen: hat sich einem armen, aber würdigen Edelmanne ergeben. Gleich darauf heißt es, daß sie verheirathet sind.

209 S. 5 Z. Was er mir thun kann.

What his rage can do me.

Soll heissen: was sein Zorn mir thun kann.

212 S. 3 Z. Du solltest meine Jugend wieder erneuern, und du überhäufst mich mit Jahren, mit Jahrhunderten.

Warburton und Theobald schlagen hier wohl die beste Lesart vor:

Thou shouldst repair my youth, thou heap'st

A yare age on me.

Und folglich müste es so heissen: du solltest meine Jugend wieder erneuern, und du machst mich (plötzlich) vor der Zeit alt.

213 S. 18 Z. Du Närrinn du! sie waren schon wieder beysammen.

Soll also stehen: du Närrinn du! — (zur Königinn) sie waren schon wieder beysammen.

214 S. 3 Z. Laß sie alle Tage einen Tropfen Bluts verlieren ꝛc.

Nay, let her languish
A drop of blood a day, &c.

Soll heissen: Laß sie jeden Tag einen Tropfen Blut wegschmachten ꝛc.

229 S. 15 Z. Du bist ein Freund der Dame, und deswegen so vorsichtig.

Das ist gerade zu Unsinn. Posthumus sagt, daß er seinen Ring so werth hält, wie seinen Fin=ger, er will aber gegen sein Gold andres Gold wetten: hierauf versetzt der andre:

You are afraid, and therein the wiser.

Du fürchtest dich, und darum bist du eben desto klüger.

264 S. 21 Z. Narren sind nicht wahnwitzig.

Das ist ein abscheulicher Fehler! Kloten sagt zur Imogen; Wenn ich dich in deinem Wahnwitz ver=liesse, da begieng' ich eine Sünde; das will ich nicht. Hierauf antwortet Imogen;

Fools cure not mad folks.

Narren heilen keine Wahnsinnige.

269 S. 9 Z. Und ich denke, er wird den Tribut
bewilligen, die ruckſtändigen Schulden abtragen, und
bedenken, wer unſre Römer ſind, deren Andenken ihnen bey ihrem Unmuth noch neu iſt. Im Engliſchen
iſt der Text alſo:

- - - And I think,

He'll grant the tribute; ſend th' arrearages;

E'er look upon our Romans, whoſe remem-
brance,

Is yet freſh in their Grief.

Es müſte eigentlich ſo heiſſen: und ich denke, er
wird lieber den Tribut bewilligen, und die ruckſtändigen Schulden abtragen, als es von neuem mit unſern
Römern aufnehmen, deren Andenken zu ihrem Schmerz
noch ganz friſch bey ihnen iſt.

274 S. 9 Z. Und das iſt ihre Ehre?

What's this to her honour?

Heißt: Was hat das mit ihrer Ehre zu thun?

Die Note dazu ſollte ganz weggelaſſen werden: denn der Text, ſo wie ihn Theobald verbeſſert, iſt an ſich deutlich genug.

275 S. 10 Z. Sie hab es ſonſt geſchätzt, ſtatt:
ſie habe es einſtens geſchätzt.

307 S. vorletzte Z. Wenn du nun deine Geſinnung
eben ſo verdunkeln könnteſt, wie dein Glück verdun-
kelt iſt ꝛc.

Pisanio räth der Prinzeßin Imogen zur Flucht, zur Verkleidung, und sagt:

> Now, if you could wear a mien,
> Dark as your fortune is.

Das heißt: Wenn du nun dein Gesicht eben so ꝛc. Welches wohl einen ganz andern Sinn giebt.

308 S. vorletzte Z. Ach! der hartherzige Mann! auf wen kann sich dieses wohl beziehen? vom Posthumus ist hier die Rede nicht: er wuste auch nicht, daß seine Gemahlinn Sonne und Wetter ausgesetzt war. Theobald, den der Herr Ueber= setzer so oft anführt, hätte ihm ja die rechte Lesart angeben können.

> But oh! the harder hap!

Aber ach! das harte Schicksal!

324 S. 6 Z. Und so glaubt' ich, das erbeten oder erkauft zu haben, was ich nahm.

> - - - And thought
> T'have begg'd, or bought, what I have took;

Soll heissen: Und war willens das zu erbetteln, oder zu kaufen, was ich genommen habe.

340 S. 1 Z. Ob gleich alle seine Ehre nichts wei= ter war, als Veränderung, und noch dazu vom Schlim= men ins Aergere;

> - - - Though his humour
> Was nothing but mutation, ay, and that
> From one bad thing to worse;

Das heiße: Obschon seine Gemüthsart (seine Laune)
nichts als Veränderung war, und ꝛc.

373 S. 6 Z. Wundre dich nicht darüber; du bist
eher dazu gemacht, dich über das zu wundern, was du
hörst, als selbst etwas auszuführen. Im Englischen
lautet es also:

Nay, do but wonder at it; you are made
Rather to wonder at the things you hear,
Than to work any.

Ja, wundre dich nur darüber; du bist eher gemacht,
dich über das zu wundern, was du hörst, als selbst
Wunder zu thun.

Ist wohl ein ganz wesentlicher Unterschied!

399 S. vorletzte Z. Nach den Worten, weh mir,
ist ausgelassen, dem leichtgläubigsten Narren.

Ende des dreyzehnten Bandes.

König Lear.

Vierzehnter Band.

19 S. 19 Z. So bedaure ich denn, daß Ihr euren Vater so verloren habt, daß Ihr auch einen Gemahl verlieren müßt.

J'm sorry then, you have so loſt a father,
That you muſt loſe a husband.

Z. A. So bedaure ich denn, daß Ihr auch einen Gemahl verlieren müßt, da Ihr schon einen Vater verloren habt.

21 S. vorletzte Z. Wer Fehler verdeckt, wird am Ende mit Schande verlacht.

Who covers faults at laſt with ſhame derides.

Z. A. Wird am Ende von der Schande verlacht.

24 S. 1 Z. „Weil ich etwa zwölf oder vierzehn Monate später kam, als mein Bruder?

· For that I am some twelve or fourteen Months lag of a brother?

Die Z. A. hat: früher kam, als mein Bruder. Daß dieses falsch sey, beweise ich aus den Worten seines Vaters Glo'ſters im erſten Auftritt, 6 Seite 18 Zeile, wo er sagt: „Ich habe zwar auch einen „rechtmäßigen Sohn, der etliche Jahre älter, aber „mir doch nicht lieber iſt, als dieser. "

42 S. 15 Z. Da haſt du Handgeld auf deinen
Dienſt.

There's earneſt for thy ſervice.

Z. A. Da haſt du eine Erkenntlichkeit für deinen
Dienſt.

Dem König Lear gefällt die Handlung des
Kent ſo wohl, daß er ihn in ſeinen Dienſt nimmt,
und ihm Handgeld darauf giebt, aber nicht eine
Belohnung, daß er den Haushofmeiſter hinaus=
geſtoſſen hat, und deswegen ſagt er: earneſt for
thy ſervice, und nicht reward.

48 S. 12 Z. Mich wundert, wie du und deine
Töchter in Verwandſchaft ſeyn können; ſie wollen mich
peitſchen laſſen, wenn ich die Wahrheit ſage, und du
willſt mich peitſchen laſſen, wenn ich lüge.

I marvel what kin thou and thy daughters
are &c.

Z. A. Mich wundert, was du und deine Töchter
für ſonderbare Geſchöpfe ſind ꝛc.

Der Unterſchied iſt weſentlich.

50 S. vorletzte Z. Der Häher, the hedge = ſpar-
row, ſtatt: der Sperling. Welches auf engliſch
sparrow heißt.

52 S. 19 Z. Euer Gefolge um fünfzig zu ver=
mindern.

Of fifty to disquantity your train.

Z. A. Euer Gefolg ein wenig zu vermindern.

54 S. 6 Z. Höre, Natur, höre! theure Göttinn, höre einen Vater!

Hear, Nature, hear; dear Goddess, hear a father!

Z. A. Höre, Natur, höre! theure Göttinn vernimm mich!

57 S. 13 Z. Da ich ihr die Unschicklichkeit davon vorgestellet habe = = = the unfitness, statt: die Beschwerlichkeit = = =

74 S. 12 Z. Ein Steinmetz oder ein Mahler hätten ihn nicht so schlecht machen können, wären sie auch nur zwey Stunden bey dem Handwerk gewesen.

Had they been but two hours of the trade.

Z. A. Wär er auch nur zwey Stunden in der Arbeit gewesen.

Ende des vierzehnten Bandes.

Leben und Tod des Königs Johann.

Fünfzehnter Band.

Auch zu diesem Stücke waren die Verbefferungen und Berichtigungen fertig, und wurden mit dem Stücke selbst in die Druckerey gegeben, allein durch Versehen des Sezers geschah es, daß das Stück selbst, ohne die gemachten Verbefferungen gedruckt ward.

6 S. 18 Z. Der stolze Widerspruch eines heftigen und blutigen Krieges ꝛc.

The proud controul of fierce and bloody war,

Controul bedeutet hier Zwang, es muß also heißen: Der stolze Zwang eines ꝛc.

In der folgenden Rede wäre dieß Wort noch zweymal abzuändern.

13 S. 1 Z. Dieser junge Herr = = = This lusty Gentleman, muß heissen: dieser muthwillge Herr = =

14 S. letzte Z. Meine Arme solch aalhautiges Zeug. My arms such eel skins stufft; muß heissen: meine Arme solche ausgestopfte Aalhäute.

46 S. 13 Z. O! wie füttert der Tod ꝛc. soll heißen: O! izt füttert ꝛc.

48 S. 9 Z. Ich möchte izt gleich diese Nichtswürdigen nach Hause treiben, bis ꝛc. I'd play incessantly upon these jades.

Soll heissen: ich könnte diesen Nichtswürdigen ohne Aufhören zu setzen, bis ꝛc.

84 S. 8 Z. Philipp, statt: Richard, denn er spricht ja mit Faulconbridge, und nicht mit dem Könige von Frankreich.

108 S. 14 Z. Wohlan denn; du sollst leben.

Well, see to live.

Soll heissen: Siehe, um zu leben. Das folgende rechtfertigt diese Verbesserung.

142 S. Beym zweyten Auftritt sind die Personen vergessen worden. Wie folget:

König Ludwig, Salisbury, Melun, Pembrock, Bigot, alle bewaffnet, und Soldaten.

164 S. 1 Z. Und alle die Taue, soll heissen: und alle die Segel.

Leben und Tod Richards des Zweyten.

Fünfzehnter Band.

175 S. 11 Z. Und dies zu beweisen, fodere ich ihn heraus, bey allen Vortheilen, die er über mich haben kann, an welchen Ort er will, und müßt ich auch mit nacktem Fuß bis auf die befrornen Gipfel der Alpen rennen.

Which to maintain, I would allow him odds,
And meet him, were I ty'd to run a foot
Even to the frozen ridges of the Alps.

Z. A. Und bin bereit, ihm zu beweisen, daß ers ist, an welchem Ort er will, mich gegen ihn zu stellen, und müßt ich auch mit nacktem Fuß auf die befrornen Gipfel der Alpen rennen.

176 S. 16 Z. Will ich nicht lebendig wieder absteigen.

— — — Alive may I not light.

Z. A. Will ich nicht gesund wieder absteigen.

180 S. 14 Z. In Zorn entbrannte Ritter, statt: Jünglinge.

186 S. 20 Z. Daß sie seinem schäumenden Rosse den Rücken brechen, statt: den Nacken brechen.

189 S. 15 Z. Und meine Nachkommenschaft.

And my succeeding issue.

Z. A. Und seine Nachfolger.

Was hatte denn Mowbrey mit den Nachfolgern des Königs zu schaffen? 　　　191 S.

191 S. 20 Z. So wie deine Sache gerecht ist, so sey in diesem königlichen Kampfe dein Glück!

- - - As thy Cause is right,
So be thy fortune in this royal fight!

Z. A. Wofern deine Sache gerecht ist, so sey in diesem königlichen Kampfe glücklich.

194 S. 7 Z. Empfange deine Lanze;
Receive thy Lance;

Z. A. Nimm diese Lanze;

194 S. 19 Z. Und fodert ihn zum Kampf auf.
And dares him to set forward to the fight.

Z. A. Und wagt es ihn zum Kampf aufzufodern.

195 S. 13 Z. Nähert euch, statt: kommt näher herbey.

205 S. 13 Z. Nackend im Schnee des Decembers sich wälzen, statt: gehen.

213 S. 1 Z. Noch immer sclavisch und ungeschickt nachahmt.

In base awkward imitation.

Z. A. Noch immer auf die niedrigste Art nachahmt.

222 S. 5 Z. Im Kriege war nie ein wüthender Löwe kühner.

In war, was never a Lion rag'd more fierce;

Z. A. Im Kriege wütete nie ein Löwe kühner.

233 S. 13 Z. Mit allen ihren mächtigen Freunden, statt: Feinden.

H

234 S. 5 Z. Verzweifelt nicht. Despair not.

Z. A. Laßt den Muth nicht finken.

Die Antwort der Königinn paßt nicht gut darauf.

242 S. letzte Z. Die Schatzkammer der Armen sey so lange Bürge für mich = =

Evermore thanks, th' Exchequer of the poor &c.

Z. A. Die Wiedervergeltung der Armen sey Bürge für mich = =

250 S. 15 Z. Sehe ich deinen Glanz, gleich einem herabschießenden Sterne, vom Firmament auf die niedrige Erde fallen, statt: tief auf die Erde fallen.

261 S. 1 Z. Die Spinnweiber.

The Distaff women.

Z. A. Die Flachsweiber.

269 S. 11 Z. So gar lege ich meine Waffen und Macht zu seinen Füßen, mit der Bedingung, daß er mir den Widerruf meiner Verbannung, und die Zurückgabe meiner Ländereyen freywillig zugestehn;

Ev'en at his feet I lay my Arms and power,

Provided, that my banishment repeal'd,

And Lands restor'd again, be freely granted;

Z. A. Sagt ihm, ich sey hieher gekommen, meine Waffen und Macht zu seinen Füßen zu legen, so bald er mir den Widerruf meiner Verbannung, und die Zurückgabe meiner Ländereyen freywillig zugestehen wolle.

312 S. 20 Z. Wir sind nun Bolingbroke's geschworne Unterthanen, statt: wir sind nun Bolingbroke's Unterthanen.

314 S. 21 Z. He! ist Niemand da! Sattelt mein Pferd = =

Hoa, who's within there? saddle my horse.

Z. A. Ha! was steht da drinn! Sattlet mein Pferd.

Das war weit vom Ziel: er fragt nicht noch einmal, was in dem Papier steht; denn das weiß er schon, sondern er ruft seine Bediente.

319 S. 7 Z. War dein Vergehen Vorsatz oder That? statt: That oder Vorsatz. Sonsten kommt ein verkehrter Sinn heraus.

328 S. 9 Z. Wenn sie im Blocke sitzen, statt: wenn sie im Stockhause sitzen.

Ende des fünfzehnten Bandes.

——————

Erfter Theil König Heinrichs des IV.

Sechszehnter Band.

5 S. letzte Z. Von diefem wilden Wallifer, ftatt: von den wilden Wallifern = =

26 S. 13 Z. Wie eine Modenhändlerinn, like a milner — —

Z. A. Wie ein Specereykrämer = =

31 S. 13 Z. Ja, um feinetwillen will ich alle meine Adern ausleeren = =

In his behalf, I'll empty all thefe veins — —

Z. A. Ja, ihm zur Seite will ich ꝛc.

32 S. 3 Z. Und auf mich wandte er ein fterben=
des Auge, und zitterte fo gar bey dem Namen Mor=
timer.

And on my face he turn'd an eye of death,
Trembling e'en at the Name of Mortimer.

Z. A. Und auf mich wandte er ein Auge voll Mord=
fucht, und zitterte vor Wuth felbft bey dem Namen
Mortimer.

Das hat er nicht gethan; fondern bey dem
bloffen Namen Mortimer find feine Wangen blaß
geworden, feine Augen haben das Feuer verloren,
und feine Glieder vor Furcht gezittert.

38 S. 4 Z. Als Ihr mit ihm von Ravenspurg
zuruckkamt, ftatt: als Ihr mit mir von ꝛc.

43 S. 17 Z. Ihr Fuhrleute, statt: ihr Schwäger.

49 S. 17 Z. Ich will eher verhungern, als weiter zu Fuß stehlen.

I'll starve, e're I'll rob a foot further.

Z. A. Ich will eher verhungern, als einen Schritt weiter thun.

Dies ist offenbar falsch; Fallstaff sagt im Anfang der Rede, daß er auf's Stehlen ausgegangen sey, und jetzt verschwört er sich, daß er nie wieder zu Fuß auf's Stehlen ausgehen will.

50 S. 13 Z. Mein Fleisch nicht noch einmal so weit zu Fuß tragen.

I'll not bear mine flesh so far afoot again, for all the coin &c.

Z. A. Mein Fleisch keinen Fußbreit weiter schleppen.

51 S. 4 Z. Werd' ich ertappt, so will ich euch angeben.

If I be ta'en, I'll peach for this;

Z. A. Werd' ich ertappt, so will ich mich schon darüber beschweren.

66 S. 18 Z. Getränk, statt: Geschöpf.

84 S. 1 Z. Es treibt den Menschen auf wie eine Blase.

It blows a man up like a bladder.

Z. A. Man dunset davon auf, wie eine Seifenblase.

90 S. 18 Z. Gefälligen Augen, statt: hübschen Augen.

101 S. 11 Z. Ihr werdet ihn noch raſend machen.

You will make him mad.

Z. A. Ihr macht ihn noch böſe.

104 S. 3 Z. Ich will den Strom an dieſer Stelle ausfüllen laſſen, ſtatt: austrocknen laſſen.

106 S. Lieber will ich einen ehernen Leuchter anſchrauben hören.

I'd rather hear a brazen candleſtick turn'd.

Z. A. Lieber will ich einen eiſernen Leuchter umfallen hören.

108 S. 16 Z. Der geringſte von dieſen Fehlern, wenn er einem Edelmann anklebt, macht, daß er die Herzen der Menſchen verliert, und läßt einen Flecken auf allen übrigen ſchönen Eigenſchaften zurück, die nun nichts empfehlendes mehr behalten.

The leaſt of which, haunting a Nobleman,

Loſeth men's hearts, and leaves behind a ſtain,

Upon the beauty of all parts beſides:

Beguiling them of Commendation.

Z. A. Fehler, wodurch ein Edelmann die Herzen der Leute verliert, und die einen Flecken auf alle die ſchönen Eigenſchaften werfen, die nun nichts empfehlendes mehr behalten.

110 S. 3 Z. Aber ich will nicht aus der Schule bleiben, bis ich ꝛc.

But I'll never be a truant, love,

Till I have learnt thy Language.

Z. A. Aber ich will nicht ruhen bis ich 2c.

11a S. 9 Z. Das ist ein Frauenzimmer Fehler:
T'is a woman's fault.

Z. A. Das gehört für Frauen.

113 S. 2 Z. Und, so wahr mich Gott bessere!
statt: so wahr mir Gott helfe!

119 Z. 1 Z. Und nun wider meinen Willen, durch
thörichte Zärtlichkeit sich blendet.

Which hath desir'd to see thee more;

Which now doth, what I would not have it do,

Make blind itself with foolish tenderness.

Z. A. Und nun wider meinen Willen von einer
übertriebenen Zärtlichkeit überfließt.

120 S. 17 Z. Wie ein Hund hinter ihm her zu
laufen = =

To dog his heels - -

Z. A. Dich wie ein Hund um seine Füsse zu schwin-
gen = =

122 S. 9 Z. Sterben in diesem Worte, statt:
in dieser Erklärung.

123 S. 18 Z. Ich bin ausgetrocknet wie ein alter
Apfel.

I'm witherd like an old apple.

Z. A. Wie ein verfaulter Apfel: ein verfaultes
Apfel trocknet nicht aus, (und die Vergleichung
paßt nicht.

H 4

129 S. 4 3. Soll ich in meinem Wirthshaufe keine Ruhe haben?

Shall I not take mine eafe in mine inn?

3. A. Soll ich in meiner Wohnung keine Ruhe haben?

139 S. 15 3. Eures Vaters Krankheit ist eine Verstümmlung für uns.

Your father's fiknefs is a maim to us.

3. A. Eures Vaters Krankheit ist ein grosser Schade für uns.

146 S. Die bey dem Knalle einer Kauone ärger zittern, als ꝛc.

As fear the report of a Culverin, worfe &c.

3. A. Die vor dem blossen Namen einer Kauone ꝛc.

166 S. 14 3. Die Zeit ist noch nicht verfallen.

'Tis not due yet.

3. A. Iht noch nicht.

Zweyter Theil König Heinrichs des IV.

Sechszehnter Band.

220 S. 15 Z. Ihr Engel ist leicht. Your angel is light.

Z. A. Ein böser Engel ist leicht.

231 S. 22 Z. So, so, entludest du, gemeiner Hund, deinen verschlingenden Busen des königlichen Richards;

So, so, thou common dog, didst thou disgorge
Thy glutton bosom of the royal Richard.

Z. A. So, so entludest du, gemeiner Gassenhund, deinen gefräßigen Schlund des königlichen Richards.

234 S. 11 Z. Kann ich ihn nur einmal packen, so acht ich sein Stossen nicht.

If I can close with him, I care not for his thrust.

Z. A. Kann ich ihn nur einmal zu packen kriegen, so acht' ich sein Pochen nicht.

238 S. 9 Z. Weil du ihn mit einem Bänkelsänger von Windsor verglichen hattest.

When the Prince broke thy head, for likening him to a singing Man of Windsor.

Z. A. Weil du seinen Vater mit einem Bänkelsänger von Windsor verglichen hattest.

241 S. 14 Z. Eine deutsche Jagd. A German hunting.

Z. A. Eine Bärenjagd.

244 S. 1 Z. Da Ihr in den Grafschaften, wo Ihr durchgehet, Soldaten anwerben solltet, statt: da Ihr gehen solltet, und in den Grafschaften Soldaten anwerben.

274 S. 19 Z. Er hätte einen guten Kellner abgegeben; er hätte das Brod recht hübsch abgeschabt.

He would have made a good pantler; he would have chipt bread well.

Z. A. Er hätte einen guten Brodmeister abgegeben; er hätte es recht hübsch vorgeschnitten.

302 S. 1 Z. Sie konnte niemals mit mir auskommen. She never could away with me.

Z. A. Sie konnte niemals von mir wegkommen.

302 S. 3 Z. Sie sagte immer, sie könnte Herrn Schallow nicht ausstehen.

She would always say, she could not abide Master Shallow.

Z. A. Sie sagte immer, sie könnte nicht ohne Herrn Schallow seyn. Just das Gegentheil!

313 S. 9 Z. Käme die Empörung in der ihr eignen Gestalt, in niedrigen, verworfnen Rotten, von blutgierigen Jünglingen angeführt, gespornt durch Wuth ꝛc.

Led on by bloody youth, goaded with rage.

Z. A. Von blutreichen Jünglingen angeführt, mit dem Anschein der Wuth ꝛc.

331 S. 2 Z. Gleich jungen, vom Joche befreyten Stieren. Like yoothful steers unyok'd.

H. A. Gleich jungen, unbejochten Stieren.

338 S. 3 Z. Sie sind durchgehends Narren und feige Memmen; einige von uns würden es auch seyn, wenn wir uns nicht zuweilen durch Getränke erhitzten.

They are generally fools and cowards; which some of us should be too, but for inflammation.

H. A. Einige von uns können das auch werden, aber nur aus zu grosser Hitze. Das ist erbärmlich!

342 S. 16 Z. Aber ist er verdrießlich, dann gieb ihm Raum und Willen, bis seine Leidenschaften, gleich einem Wallfische im Sande, sich durch heftiges Arbeiten erschöpft haben.

'Till that his passions, like a whale on ground,
Confound themselves with working.

H. A. Gleich einem zu Grunde sinkenden Wallfisch sich durch ꝛc.

353 S. 5 Z. Er kömmt gleich hieher. War in der 3. A. ausgelassen.

395 S. 5 Z. Meine Pflicht, statt: meine Ergebenheit.

Ende des sechszehnten Bandes.

Leben König Heinrichs des Fünften.

Siebenzehnter Band.

12 S. vorletzte Z. Bedenkt alſo wohl, wozu Ihr unſre Perſon verpfändet. Therefore take heed, how you impawn our perſon - -

Z. A. Bedenkt alſo, in welche Verlegenheit Ihr uns ſetzt.

20 S. 4 Z. Engelland iſt doch immer mehr ge=ſchreckt als beſchädigt worden, ſtatt: mehr gefürchtet als beſchädiget worden.

20 S. 7 Z. Als ihre ganze Ritterſchaft ꝛc.

When all her chivalry &c.

Z. A. Als alle ihre Reuterey ꝛc.

32 S. 8 Z. Ich ſage wenig; aber erfodert es die Zeit, ſo werd' ich lächeln, und meine Klinge ſteif aus=ſtrecken; es iſt ein einfältiges Ding, aber ꝛc.

I ſay little, but when time ſhall ſerve, there ſhall be ſmiles - - - and hold out mine iron; it is a ſimple one - - but - -

Z. A. Ich ſage nichts; aber kömmt Zeit, kömmt Rath = = = und meine Klinge in der Hand halten; es iſt eine einfache Klinge, aber ꝛc.

41 S. 11 Z. Wir wollen zu Schiffe.

We will aboard;

Z. A. Wir wollen uns auf den Weg machen. So ſpricht man, wenn man zu Lande reiſen will.

54 S. 14 Z. Eineu Floh, a Flea, ſtatt: eine Fliege. Das heißt den drolligſten Einfall Falſtaff's verhunzt.

72 S. 8 Z. Er wird uns alle in die Luft ſpren-gen, wenn ꝛc.

I think, h' will plow up all, if.

Z. A. Er wird über uns alle herfallen, wenn ꝛc.

73 S. 18 Z. 'S iſt ſchlecht gethan; die Arbeit iſt verlaſſen worden ꞏ ꞏ ꞏ 's iſt ſchlecht gethan, daß die Arbeit iſt verlaſſen worden, o 's iſt ſchlecht gethan ꞏ ꞏ ꞏ 's iſt ſchlecht gethan.

Tiſh ill done; the work iſh given over ꞏ ꞏ ꞏ the work iſh ill done; it iſh give over. O tiſh ill done, tiſh ill done &c.

Z. A. 'S iſt dumm Zeug; die Feſtungswerke ſind übergeben ꞏ ꞏ ꞏ 's iſt dumm Zeug, 's iſt übergeben ꝛc.

Ich begreife nicht, wie der Ueberſetzer hier auf die Uebergabe der Feſtungswerke hat verfallen kön-nen! der Schottländer, welcher hier redet, hatte Laufgräben angelegt, und erhielt Befehl von der Arbeit abzulaſſen, worüber er ſich ſo ſehr ärgerte. *To give over* heißt nicht übergeben, ſondern von ei-ner Sache ablaſſen: *to ſurrender* heißt übergeben.

83 S. 11 Z. Und luſtigen Couranten lehren, ſtatt: lernen.

94 S. 3 Z. Er habe ſeine Anhänger verrathen, ſtatt: ſeine Nachfolger.

116 S. 5 Z. Aber er weiß es lauge nicht, statt:
aber man weiß es 2c.

Es ist die Rede noch immer von Sclaven, und
man muß den ganzen Periodum lesen um die Nothwendigkeit der Berichtigung dieses Fehlers einzu-
sehen.

158 S. vorletzte Z. So werde ich ihm denselben kühn
herunter schlagen. I will strike it out soundly.

Z. A. So werd' ich ihn tüchtig ausprügeln.

Es ist hier die Rede von einem Handschuh,
den ein Soldat als ein gegebenes Ausforderungs-
Zeichen an dem Hut tragen soll, um sich seinen Aus-
foderern bey Tage erkennen zu geben; also gar
nichts vom tüchtig ausprügeln.

186 S. 8 Z. Die Prinzeßinn ist ein desto besser
englisches Frauenzimmer.

The Princess is the better English Woman.

Z. A. Die Prinzeßinn ist das beste englische Frauenzimmer.

186 S. 13 Z. Ungeschickten König, a plain King,
statt: ungeschliffnen 2c.

186 S. 15 Z. Pachterey, statt: Bauerhof.

187 S. 1 Z. Ich schon verstehn. Me understand
well.

Z. A. Versteht mich recht. Das war just verkehrt.

Erster Theil König Heinrichs des VI.

Siebenzehnter Band.

208 S. 15 Z. Mit schreckendem Feuer erfüllt: repleat with awful fire, statt: mit grimmigem Feuer erfüllt.

234 S. 13 Z. Sieh, ob die Küste wieder leer ist; See the coast cleard and then &c.

Z. A. Nun ist die Küste wieder leer.

236 S. 15 Z. Schon vorher wollte man mich aus Verachtung einmal gegen einen weit schlechtern Kriegesmann austauschen. In der Z. A. sind die Worte, aus Verachtung, in contempt, ausgelassen worden.

242 S. 17 Z. Züchtigen, statt: zu Paaren treiben. Man sagt nicht: ein Mädgen zu Paaren treiben.

246 S. 6 Z. Das reich mit Edelsteinen besetzte Kästchen des Darius. The rich-jewel'd coffer of Darius.

Z. A. Der reich mit Edelsteinen besetzte Sarg des Darius.

258 S. letzte Z. Ich lache darüber, daß ich sehe, wie ihr, meine Gräfinn, so thöricht seyd zu glauben, ihr hättet etwas anders, als Talbot's Schatten vor euch, um eure Strenge an ihm auszulassen.

I laugh to see your ladyship so fond,
To think, that you have aught but Talbot's shadow,
Wheron to practise your severity.

Z. A. Ich lache darüber, daß ich sehe, wie Ihr, meine Gräfinn, so thöricht seyd zu glauben, Ihr habt nichts, als Talbot's Schatten vor euch, um eure Strenge an ihm auszulassen.

271 S. 18 Z. Sein Leiden ist so groß wie das mei=
nige. His wrong doth equal mine.

Z. A. Seine Bedrückung ist auch die meinige.

309 S. 21 Z. Indeß geh ich zu seiner Majestät, um
die Erlaubniß zu erhalten, diesen Schimpf zu rächen.

But I'll unto his Majesty, and crave
I may have liberty to' venge this wrong.

Z. A. Indeß werd' ich schon Freyheit erhalten, die=
sen Schimpf zu rächen;

310 S. 3 Z. Ich werde eben so bald da seyn wie
du; und hernach werde ich dich eher antreffen, als es
dir lieb seyn wird.

I'll be there as soon as you;
And, after meet you sooner as you would.

Z. A. Ich bin bey dir; und du sollst mich noch eher
antreffen, als es dir lieb seyn wird.

348 S. 9 Z. Oder mit Meuterey dieses Land ver=
derben. Or sack this Country with a Mutiny.

Z. A. Oder Meuterey in diesem Lande anfangen.

351 S. 10 Z. Zum Handgeld fernerer Wohltha=
ten geben. In earnest of a further benefit.

Z. A. Zum Lohne fernerer Wohlthaten geben.
Was heißt das?

352 S. 12 Z. Eine hübsche Beute, die sich für
Seiner Gnaden den Teufel schickt!

A goodly price, fit for the Devil's grace!

Z. A. Eine hübsche Beute, die mir des Teufels Gna=
de erwerben kann!

Ende des siebenzehnten Bandes.

———

Zwey=

Zweyter Theil König Heinrichs des VI.

Achtzehnter Band.

4 S. 7 Z. Und wurde vermählt. Diese Worte sind nicht in der Zürcher Ausgabe.

4 S. 7 Z. Und nun übergebe; statt: überliefre ich = =

4 S. 9 Z. Meine Rechte auf die Königinn in deine gnädigste Hand = =

Deliver up my title in the Queen,
To your most gracious hand.

Z. A. Die Königin selbst deiner gnädigsten Hand.

23 S. 21 Z. Ein gescheidter Schelm, a crafty knave, statt: ein gescheidter Kerl.

24 S. 2 Z. Ein paar durchtriebene Spitzbuben, a pair of crafty knaves, statt: ein paar gescheidte Kerls.

26 S. 9 Z. Ist Niemand da? Who is there?

S. A. Was ist das?

29 S. 6 Z. Ich selbst habe ihr in einem Busche Leimstangen gelegt = =

My self have lim'd a bush for her.

Z. A. Ich habe ihr selbst eine Schlinge gelegt.

Was folgt, rechtfertiget meine Verbesserung.

29 S. vorletzte Z. Und dann sollt Ihr selbst das glückliche Königreich regieren.

And you yourself shall steer the happy Realm.

H

Z. A. Und dann sollt Ihr selbst das glückliche Ru=
der der Regierung steuern. Geschweige daß dieser
Ausdruck nicht im Englischen ist, so sagt man auch
nicht, das Ruder steuren, sondern man steurt ein
Schiff vermittelst des Ruders.

33 S.   2 Z. Obgleich hier, wer am meisten Herr
ist, nicht die Hosen trägt = = =

> Though in this place most master wears no
> breeches.

Z. A. Obgleich hier die meisten Männer nicht männ=
lich handeln = =

37 S.   12 Z. Der Menschen Zorn ist wider mich!
The spight of Men prevaileth against me!

Z. A. Der Zorn eines Mannes ist so mächtig wi=
der mich!

44 S.   18 Z. Ey, Mylord Kardinal, was denkt
Ihr davon? wäre es ꝛc.

> Ah, Mylord Cardinal, how think you by that?

Z. A. Wie könnt Ihr das denken?

64 S.   17 Z. Da er so sehr verstümmelt ist.
> Scarce himself,
> That bears so shrew'd a maim.

Z. A. Da ihm eine so böse Wunde versetzt ist.

70 S.   20 Z. Der sonst den Rädern deines stolzen
Wagens folgte.

> That erst did follow thy proud chariot wheels.

Z. A. Der sonst den stolzen Rädern keines Wagens
folgte.

74 S. 13 Z. Das heißt die Sache in Geheim getrieben! = =

This is cloſe dealing - -

Z. A. Das Verfahren iſt ſonderbar!

78 S. 6 Z. Wäre es auch des Morgens, da doch jeder dem andern die Zeit bietet = =

When every one will give the time of day - -

Z. A Da doch jeder dem andern guten Tag wünſcht.

87 S. 14 Z. Hat er, nicht unſrer gnädigſten Königinn hier mit den ſchimpflichſten Worten, wiewohl ſehr redneriſch und gelehrt, Vorwürfe gemacht, als ob ſie Jemand angeſtiftet hätte, falſche Anklagen wider ihn zu beſchwören, um Ihn zu Grunde zu richten.

Has he not twit our ſovereign Lady here
With ignominious words, though clarkly couch't?
As if ſhe had ſuborn'd ſome to ſwear
Falſe Allegations:

Z. A. Hat er nicht unſrer gnädigſten Königinn hier mit den ſchimpflichſten Worten, die wir alle haben niederſchreiben laſſen, Vorwürfe gemacht, als ob ſie Jemand angeſtiftet hätte, ſich in ein falſches Bündniß zum Untergang ſeines Staats einzulaſſen? Wie falſch!

91 S. 5 Z. Die Gemeinden werden vielleicht daſſelbe thun. Dieſe Worte ſind in der Z. A. gänzlich vergeſſen worden.

93 S. 6 Z. Aber ich wünſchte, daß er ſtürbe, Mylord Suffolk, noch ehe Ihr den Prieſterorden annehmen könnt.

Ere you can take due orders for a prieſt.

J 2

Z. A. Noch ehe, als Ihr Anstalt machen könnt, ihm einen Priester zu verschaffen.

Man erinnre sich, daß hier der Kardinal redet.

93 S. 21 Z. Welche die Engländer niedermachen.
And put the Englishmen to the Sword.

Z. A. Welche die Engländer reizen die Waffen zu ergreifen.

97 S. 10 Z. Ihr erwärmt die verhunzerte Schlange. The starv'd snake.

Z. A. Die hungrige Schlange.

110 S. 12 Z. Aber ihr beyde habet dem Herzog Humphry den Tod geschworen.

But both of you have vow'd duke Humphry's death.

Z. A. Aber ihr beyde wart Herzogs Humphry's geschworne Feinde.

112 S. 22 Z. Dich zwingen zu sagen, du habest ꝛc. statt: so würde ich sagen, du habest ꝛc.

124 S. 5 Z. Wie ein gespaltenes Schiff, even as a splitted bark - -

Z. A. Wie ein gescheitertes Schiff - -

Man lese was folgt, so wird man das Wort gescheitert, sehr unschicklich finden.

143 S. 12 Z. Wir trafen ihn dabey an, daß er seinen Jungen Vorschriften machte.

We took him setting boys copies.

Z. A. Daß er die Schreibbücher seiner Jungen durchsah.

Dritter Theil König Heinrichs des VI.

Achtzehnter Band.

206 S. Er selbst, Lord Clifford und Lord Stafford dicht an einander geschlossen, griffen unsre Schlachtordnung an, brachen ein, und wurden ꝛc.

> \- \- \- Himself,
> Lord Clifford and Lord Stafford, all a‑breast,
> Charg'd our main battle's front; and breaking in
> Were by the swords of common soldjers slain.

Z. A. Er selbst, Lord Clifford, und Lord Stafford, stellten sich mit dem Gesichte hart unsrer Schlachtordnung gegen über, thaten einen Angriff, und wurden ꝛc.

Was heißt, sich mit dem Gesichte hart einer Schlachtordnung gegen über stellen?

215 S, 2 Z. K. Heinrich. Sage mir, kann nicht ein König einen Thronfolger einsetzen?

> York. Was folgt daraus? What then?

Z. A. Wozu das?

What then? heißt, was folgert Ihr daraus? Was zieht Ihr für einen Schluß daraus? Und so behält der Dialog seinen Zusammenhang.

222 S. 20 Z. Bis die Parlamentsacte widerrufen ist: Kraft welcher mein Sohn enterbet wird, statt: in welcher mein Sohn ꝛc.

233 C. 1 Z. Und alle meine Anhänger kehren dem siegenden Feinde den Rücken, und fliehen, wie Schiffe vor dem Winde ꝛc.

J 3

And all my followers to the eger ſoe

Turn back, and fly like ſhips before the Wind.

Z. A. Und alle meine Anhänger ſchlagen ſich zu dem ſiegenden Feinde, und fliehen, wie Schiffe ꝛc.

Da iſt wieder kein Sinn. Sie ſchlagen ſich zum Feinde, und fliehen doch vor dem Feind, wie Schiffe vor dem Winde!

237 S. 22 Z. Wie? hat dein feuriges Herz dein Eingeweide ſo verbrennt, daß keine einzige Thräne ꝛc.

What, hath thy fiery heart ſo parch't thine entrails,

That not a tear can fall &c.

Z. A. Wie? hat dein ſtolzes Herz dein Innres ſo hart gemacht, daß ꝛc.

261 S. 5 Z. Hier bin ich, um es mit dir, und dem ſtolzeſten von deines Gleichen aufzunehmen.

Here I ſtand to anſwer thee,

Or any he the proudeſt of thy ſort.

Z. A. Um es mit dir, und mit jedem deines Gleichen aufzunehmen.

263 S. 11 Z. Tauſende haben heute gefrühſtücket, die nicht eher zu Mittag eſſen werden, bis ꝛc.

A thouſand Men have broke their faſts to day,

That n'eer ſhall dine &c.

Z. A. Tauſende haben heute ihre Faſten gebrochen, die nicht eher zu Mittag ꝛc.

Das iſt ja äuſſerſt lächerlich!

274 S. 14 Z. Von London aus ward ich von dem Könige mit Gewalt weggenommen.

From London by the King was I preſt forth;

Z. A. Von London aus ward ich von dem Könige geworben und mitgenommen.

274 S. 17 Z. Von ſeinem Herrn gezwungen.

Preſt by his Maſter.

Z. A. Von ſeinem Herrn gepreßt.

313 S. 1 Z. Und die Zeit unterbrückt die Ungerechtigkeit. And time ſuppreſſes wrongs.

Z. A. Und die Zeit unterdrückt das Gefühl der Kränkungen.

316 S. 1 Z. Eine ausländiſche Pflanze, an external plant – –

Z. A. Eine ewige Pflanze = =

330 S. 4 Z. Und geringeren, als ich bin, iſt ein ſolches Glück wiederfahren.

And meaner than myſelf have had like fortune.

Z. A. Und mein Glück war geringer, als ich ſelbſt. Das iſt ja ganz widerſinniſch.

330 S. 12 Z. Schmeichle ihrem Zorne nicht.

Forbear to fawn upon their frowns.

Z. A. Kehre dich ja nicht an ihre mißvergnügten Blicke.

346 S. 1 Z. Und bitte Gott, daß ich wieder zu meiner Krone gelange.

And pray, that I may repoſſeſs the Crown.

Z. A. Und bitte Gott, daß er mir die Krone wie=
dergeben möge.

345 S. 18 Z. Eine demüthige Bitte, ſtatt: ein
demüthiges Gebet.

366 S. 15 Z. Oder machte er den Spaß wider
ſeinen Willen?

Or did he make the jeſt againſt his will?

S. A. Oder hat er ſich wider ſeinen Willen ver=
ſprochen?

396 S. 6 Z. Ich will deinen Leichnam in ein and=
res Zimmer werfen, und triumphire du, Heinrich, am
jüngſten Tage.

I'll throw thy body in an other room,

And triumph; Henry! in the day of doom.

Z. A. Und dein Todestag, Heinrich, ſoll mir ein
Tag des Triumphs ſeyn. Wie verkehrt!

Ende des achtzehnten Bandes.

Troilus und Kreßida.

Neunzehnter Band.

15 S. 1 Z. Um die Schlacht anzusehen, gehen sie auf den östlichen Thurm, von dessen Höhe man das ganze Thal übersieht.

Up to th' eastern tower;
Whose hight commands as subject all the vale,
To see the fight.

Z. A. Nach dem östlichen Thurn hinauf, dessen Höhe das ganze Thal als ihm unterworfen beherrscht, um die Schlacht anzusehen.

15 S. 9 Z. Rüstete sich von Haupt zu Fuß, ꝛc.

He was harness - dight.

Z. A. Legte leichte Rüstung an ꝛc.

18 S. 3 Z. Heute wird er was tüchtigs niedermachen, das kann ich den Griechen versichern, und Troilus wird ihm nitt viel nachgeben.

And there's Troilus will not come far behind him.

Z. A. Und Troilus wird nicht lange nach ihm auch kommen.

29 S. 1 Z. Hätt' ich eine Schwester, die eine Grazie, oder eine Tochter, die eine Göttinn wäre, so sollt' er freye Wahl haben.

Had I a sister were a grace, or a daughter a Goddess, he should take his choice.

Z. A. Hätt' ich eine Schweſter, die eine Grazie, oder die Tochter einer Göttiny wäre, ſo ꝛc.

29 S. 5 Z. Und ich wette, wenn Helena ihn auf= tauſchen=könnte, ſo würde ſie noch Geld oben drein geben.

And I warrant, Helen to change, would give money to boot.

Z. A. So würde ſie ein Auge oben drein geben.

30 S. 12 Z. Auf meinem Witz, um meine Ränke zu vertheidigen.

Upon my Wit, to defend my wiles.

Z. A. Auf meinem Verſtande, um meinen Willen zu vertheidigen.

30 S. 18 Z. Pandarus. Nenne mir eine von dei= nen Schildwachen? Say one of your Watches.

Dieſe Frage iſt in der Z. A. gänzlich ausgelaſ= ſen worden, und Kreßida ſpricht zweymal hinter= einander, ohne daß man weiß, was ſie ſagen will: die ausgelaſſene Frage aber des Pandarus kann es erſt verſtändlich machen.

30 S. 20 Z. O ja eben dafür will ich Wache hal= ten, daß du keine erfährſt ꝛc.

Nay, J'll watch you for that &c.

Z. A. Nun ja, ich will dafür Wache halten ꝛc.

Iſt kein Sinn.

59 S. 1 Z. So ſprich denn, du ungeſtuberter Sauerteich, ſtatt: du ungeſalzener Sauerteich.

Speak then, you unwinnow'ſt leaven! iſt die beſte Lesart.

59 S. 6 Z. Dein Pferd wird eher eine Rede, als du ein Gebet auswendig lernen.

Thy horse will sooner con an Oration, than thou learn a prayer without book.

Z. U. Dein Pferd wird eher eine Rede auswendig wissen, ehe du ein Gebet ohne Buch hersagen lernst.

71 S. 5 Z. Warum halten wir sie zurück? nem̃lich die Helena. Why keep we her?

Z. U. Warum halten wir uns hier auf?

Man beliebe das vorhergehende und folgende der Rede Troilus zu lesen, so wird der Unsinn von der Z. U. sehr deutlich einem jeden einleuchten.

97 S. 16 Z. Denn mein Anliegen ist siedend, statt: dringend. Der Herr Prof. Esch. sagt in einer Note, das die Antwort des Bedienten unübersetzlich sey: Hier ist meine Uebersetzung:

For my business seethes.

Serv. Sodden business! there's a stew'd phrase indeed.

Denn mein Anliegen ist siedend.

Bedienter. Ein siedendes Anliegen - : der Ausdruck riecht nach der Küche.

104 S. 4 Z. Du wirst mehr ausrichten, als alle Könige der Inseln! du wirst den grossen Hektor entwaffnen.

You shall do more
Than all the island Kings, disarm great Hector.

S. A. Du wirſt mehr ausrichten, als alle Könige der Inſeln; nimm dem großen Hektor die Waffen ab.

Mir iſt es unbegreiflich, wie man ſo überſetzen, und den ſchönſten Gedanken verhunzen kann.

110 S. 16 Z. Unſer Kopf ſoll ſo lange unbedeckt bleiben ꝛc.

Z. A. Unſer Kopf ſoll ſo lange nackend gehen, bis ꝛc.

115 S. 18 Z. So treu wie Stahl, wie die Plane⸗ ten ihren Monden, ſtate: wie die Pflanzen dem Monde.

Like Planets to their Moons: iſt die beſte Lesart und ſo fällt die von Steevens angeführte Note von ſelbſt weg.

143 S. 3 Z. Wollt er dich nicht ſchlaffen laſſen, der unartige Mann der! a naughty Man.

Z. A. Der nichtswürdige Mann der!

Das Wort nichtswürdig iſt hier ganz un⸗ ſchicklich angebracht; *naughty*, heißt unartig, und wird nur von Kindern, und im Scherz von Er⸗ wachſenen geſagt.

162 S. 21 Z. Merke ſie dir, als eine leichtfertige Beute für jede Gelegenheit: Set them down.

Z. A. Setze ſie zurück ꝛc. als eine ꝛc.

Was heißt denn zurückſetzen? *to set down,* heißt etwas niederſchreiben, oder anmerken.

171 S. 8 Z. Aber dieſe deine Geſtalt, die immer in Stahl eingepanzert war, ſah ich niemals bis itzt.

But this thy countenance, ſtill lok'd in ſteel,
I never ſaw till now.

Z. A. Aber diese deine Gestalt, noch in Stahl einsgepanzert, sah ich bis ist niemals.

Wenn sie noch in Stahl eingepanzert war, so konnte er sie auch ist nicht sehen.

177 S. 12 Z. Du krustige Beule der Natur, statt: du krustiges Gebäcke der Natur.

195 S. 1 Z. Will er seinen eignen Augen nicht glauben?

Will he swagger himself out of his own eyes?

Z. A. Will er sich selbst um seine Augen prahlen?

220 S. 11 Z. Zürnet fort, ihr Himmel! zeigt eiligst euren Grimm. —— O! zeigt eure Gnade, und laßt eure Strafen kurz seyn, und laßt nicht unser gewisses Verderben langsam herbeyschleichen.

Frown on, you heav'ns, effect your rage with
    speed; ——
I say, at once, let your brief plagues be mercy,
And linger not our sure destructions on.

Z. A. Zürnt darüber, ihr Himmel, und zeigt eiligst euren Grimm. —— O! laßt eure kurzen Strafen auf einmal Erbarmung werden, und laßt nicht unser gewisses Verderben langsam herbeyschleichen.

Ende des neunzehnten Bandes.

König Richard III.

Zwanzigster Band.

27 S. 10 Z. Gut == gut == ſteck ein|dein Schwert.

Well -- well -- put up your ſword.

Z. A. Nimm hin dein Schwert.

37 S. 5 Z. Nie bracht' ich gegen Clarence
Den König auf;

I never did incenſe his Majeſty
Againſt the Duke of *Clarence;*

Z. A. —— —— Nie bracht' ich
Dem König Weihrauch dar, um gegen Clarence
Ihn zu empören;

Frank incenſe heißt Weihrauch, *to incenſe* aber
nichts weiter, als jemanden aufbringen, zum Zorn
reizen.

53 S. 13 Z. Ich thu das Unrecht ꝛc.

I do the *wrong* and &c.

Z. A. Ich thu dir Unrecht ꝛc.

Gloucefter iſt allein, und ſpricht mit ſich ſelbſt.

63 S. 23 Z. Schlag ihm mit dem Griff deines
Degens auf den Kopf —— beſſer noch, auf den Sche-
del —— und wirf ihn in das Weinfaß im nächſten
Zimmer.

Take him over the Coſtard, with the hilt of
thy ſword, and then throw him &c.

Z. A. Faß ihn beym Schopf mit dem Griff deines
Degens und wirf ihn ꝛc. Iſt das verſtändlich?

64 S. 1 Z. O! der Einfall ist herrlich! — Und
da machen wir einen eingetunkten Bissen aus ihm.

O excellent device and make a sop of him.

Z. M. Und da rauen wir uns dann ein Gesöff aus
ihm. Was das für Zeug ist!

96 S. 1 Z. Kleines Kraut ist lieblich, und grosses
Unkraut wächset schnell.

Small herbs have grace, great weeds do grow
apace.

Z. A. — — Kleines Kraut wächst schnell,
Und grosses Unkraut langsam.

Geradezu das Widerspiel.

96 S. letzte Z. Er konnt', als er zwey Stunden alt
war, schon
An einer Kruste nagen;

That he could gnaw a Crust at two hours old;

Z. A. Er konnt', als er zwey Stunden alt war, schon
Durch eine Kruste beissen;

111 S. 1 Z. Sein Gespötte über seinen Oheim
Zu mildern 2c.

To mitigate the scorn he gives his Uncle,

Z. A. — — Um den Zorn des Oheims
Zu mildern 2c.

118 S. 8 Z. Drum meldt er dir, daß diesen Tag
Der Königinn Verwandten, deine Feinde,
Zu Pomfret sterben sollen.

That this same very day your Ennemies,
The Kindred of the Queen must die at Pomfret.

Z. A. Drum meldet er dir, daß alle deine Feinde
Zu Pomfret sterben sollen.

120 S. 13 Z. — Und doch ſieheſt du, wie bald
Der Tag ſich ſchwärzt. —

But yet, you ſee , how ſoon the day o'ercaſt.

Z. A. — Und doch ſiehſt du, wie ſo bald
Das Spiel ſich wenden kann.

168 S. 11 Z. Haſt du wohl das Herz
Von meinen Freunden einen zu ermorden?

Catesby. Zwey Feinde lieber.

K. R. Dar'ſt thou reſolve to kill a friend of mine?
Tir. Pleaſe you, I'd rather kill two ennemies.

Z. A. Wenn's ſeyn ſoll; lieber aber doch zwey
Feinde.

Die Worte pleaſe you, heißen nicht, Wenn's
ſeyn ſoll; ſondern ſie bedeuten gar nichts, ſind
blos eine Formel, wenn ein Unterthan mit ſeinem
Herrn ſpricht: im übrigen entſchließt ſich Catesby
nicht einen Freund vom Richard zu ermorden;
ſondern antwortet kurz; lieber zwey Feinde.

206 S. 5 Z. Ratcliff, komm her —
Geſchwind nach Salisbury = = wenn du dahin kömmſt = =

Ratcliff, come hither, poſt to Salisbury,
When thou com'ſt thither —

Z. A. — — Wenn du von dort
Zurück biſt.

Das iſt keine Verwirrung mehr vom Richard,
ſondern das iſt Unſinn.

Ende des zwanzigſten Bandes.